Bernhard Winterer

Ortsbezogen

Warum man in München leben muss – oder auch nicht

Posthum herausgegeben von Eva Winterer

Bernhard Winterer

Ortsbezogen

Warum man in München leben muss – oder auch nicht

Posthum herausgegeben von Eva Winterer

Inhalt:

Vorwort posthum

Es war Bernhards großes Anliegen, dieses Buch fertigzustellen und herauszugeben. Bis zu seinem letzten Tag, dem 10. April 2013, hat er daran gearbeitet. Manche Gedanken konnte er dabei nicht mehr so ausformulieren, wie er es geplant hatte. Aber seine persönlichen Bezüge, seine Verbundenheit mit dem Ort München bringt er uns darin nahe. Die Beschäftigung mit diesem Thema hat Bernhard über schwere Phasen seiner letzten Monate getragen und wurde im Rückblick zu einem bleibenden Abschied von seiner Stadt und von den Menschen, die in diesem Buch lebendig werden.

Ich danke allen, die durch ihre Bereitschaft zum Interview und durch selbstverfasste Texte zum Gelingen dieses Buches beigetragen haben. Mein Dank gilt vor allem auch Gudrun Bansemir und Claudia Fenster-Waterloo, die mich tatkräftig unterstützt haben.

Eva Winterer

München, März 2014

Vorwort

„Jetzt bleiben Sie doch mal stehen, junger Mann aus Kiel mit dem alt-katholischen Namen! Hallo, Leonhard! (Ich vermute mal, dass Ihre Eltern Sie mit dieser Namenswahl auf die bayerische Tiefebene festzurren wollten. Hat nicht geklappt.) Das, was hier verhandelt wird, geht auch Sie an!"

Die fast Gleichaltrige, die Schauspielerin und Regisseurin Sasha Rau, drückt das so aus: „Heimat, das sind Orte, an die man sich erinnern und hindenken will. Aber vielleicht ist manchmal die Sehnsucht stärker als der Wunsch, dorthin zu gehen."

Dabei ... um Heimat im eigentlichen Sinn geht's hier nicht, vielmehr um die enge menschliche Verknüpfung von seelischem Lebenshaushalt und um die Lebensumstände, denen die Menschen ausgesetzt sind, denen sie sich selbst ausgesetzt haben. Die sind ab und zu ganz schön kompliziert und komplex und schwierig in Übereinstimmung zu bringen.

Soeben hat Deutschlands wohl klügster Schauspieler, Hanns Zischler, wieder mal eines seiner eleganten Bücher geschrieben (so die SZ). Diesmal über Berlin. Ein Spaziergang durch eine viel zu große Stadt.

Vor Jahrzehnten – 1968 – hat ein wirklich wohlmeinender und dabei stets kompetenter Ratgeber, der Psychoanalytiker Alexander Mitscherlich, in der scheinbaren Form eines Pamphlets mit dem Titel *Die Unwirtlichkeit unserer Städte* nachhaltig zu bedenken gegeben:

> Unbestreitbar ist jene Neigung, die einer Stadt entgegengebracht wird, oder einem Quartier, einem entlegenen Winkel in ihr, ein Ergebnis psychologischer Prozesse. Wenn sie in Ordnung ist, wird die Stadt zum Liebesobjekt ihrer Bürger. Sie ist Ausdruck einer kollektiven, Generationen umspannenden Gestaltungs- und Lebenskraft (...). Die Stadt wird zur tröstlichen Umhüllung in Stunden der Verzweiflung und zur strahlenden Szenerie in festlichen Tagen. (...) Oder wir übertragen unsere Enttäuschungen auf dieses Gebilde, als seien sie von ihr, der Stadt verschuldet. (...) Stadt ist – gelungen oder misslungen, kultiviert oder trübsinnig – Gruppenausdruck und Ausdruck der

Geschichte; ein unsichtbares, aber sehr wirksames Band verknüpft Einstellungen, Mentalität, Beweglichkeit, Traditionalismus. Neigung und Abneigung gegenüber dieser Gestalt einer Stadt bilden sich auf eine so komplexe Weise, dass das ABC der Ästhetik sie nicht erklären kann (...). (Alexander Mitscherlich: *Die Unwirtlichkeit unserer Städte,* Frankfurt 1967)

Ja, Leute, warum muss man eigentlich in München leben?

Wer soll das schon wissen!

Die auf den ersten Blick sehr rechthaberische These, warum man denn in München leben muss (sie impliziert, dass man München lieben muss), wollen wir in diesem Buch zur Diskussion stellen. Vielleicht kommen wir ja zu dem Ergebnis, dass man München gar nicht lieben kann. Manchem Leser wird München gleichgültig sein oder langweilig erscheinen, oder er hat gar eine Aversion gegen die Stadt.

Man liebt ja so allerlei. Seine Frau und seine Kinder. Beispielsweise. Man liebt vielleicht auch seinen Beruf, das Faulenzen auf dem Balkon und den Wein von der Mosel; sogar seinen Papagei kann man lieben. – Wir wissen wohl, dass diese verschiedenen Liebesobjekte nicht in einen Topf gehören, auch wenn sich nicht jeder dessen bewusst ist. So mancher liebt seinen Hund so, als ob dieser ein Mensch wäre, was weder dem Hund noch dem Menschen bekommt.

Liebesobjekte sind in unserem Falle räumliche Einheiten: Orte, große und kleinere Städte, Dörfer, einzelne Stadtteile und Stadtquartiere, Regionen oder Landschaften. Ganz kleine und ganz große lokale Einheiten können geliebt werden: das unmittelbare Wohnumfeld, die Wohnanlage, das Wohnhaus, in dem man lebt und – um es auf die kleinste Einheit herunterzuschrauben – die eigene Wohnung. Aber auch die verschiedenen Topographien der Landschaft können geliebt werden, etwa die Berge, die Wüste oder das Meer. – Im Folgenden werden wir uns aber im Wesentlichen auf die mittlere Ebene beschränken, also vor allem auf die jeweilige Gemeinde, in der man lebt bzw. gelebt hat, das festumrissene Quartier. – Die Dichter besingen des Öfteren generell die Heimat.

Die Gemeinde-Soziologie verwendet für die enge gefühlsmäßige Bindung an einen Ort den Begriff „symbolische Ortsbezogenheit". Diesen Begriff werden wir jedoch vermeiden. Und zwar, weil er sich auf bestimmte Gruppen bezieht, wir aber ganz konkrete Einzelpersonen im Auge haben, die in einer bestimmten Lebenssituation eine enge emotionale Beziehung zu einem Ort aufbauen (oder eben nicht).

Wo es sinnvoll, nützlich oder notwendig ist, werden selbstverständlich auch die Erkenntnisse und Methoden (und eben auch die Begriffe) der Wissenschaft herangezogen, allerdings eher selten und vereinfacht.

Wir müssen den von uns bevorzugten Ort nicht immer lieben und nicht alles an ihm. Im Lauf der Lebensgeschichte kann es da zu gewaltigen Umbrüchen kommen. Solche Umbrüche kann man auch im Kleinen erleben, auf Bagatell-Ebene. Wir können uns beispielsweise vornehmen, auf der Terrasse gemütlich zu frühstücken, sozusagen das Mini-Format emotionaler Ortsbindung pflegen. Und dann kommt der Hausmeister mit seinem Laubsauger und unsere ganze emotionale Ortsbindung ist beim Teufel. Oder aber, um es auf eine etwas höhere Ebene zu hieven: Ich kann mein München sehr wohl lieben, sehr sogar. Deshalb muss ich seine Steinwüsten gleichenden Fußgängerzonen nicht gleich mit lieben. Von den sogenannten Plätzen, die nur noch Kreuzungen überdimensionierter Autotrassen sind, ganz zu schweigen. Sie haben ihre Funktion als Orte zwischenmenschlicher Kommunikation längst verloren.

Die Fähigkeit der Menschen, eine sehr enge emotionale Beziehung zu dem Ort aufzubauen, an dem sie leben, ist ganz tief in der Entwicklungsgeschichte des Homo sapiens verwurzelt. Bereits die Urmenschen hatten sicherlich eine enge Beziehung zu dem Habitat, in dem sie lebten und das ihr Überleben sicherte. Ob man die mit diesen Orten verbundenen Gefühle „Liebe" nennen muss, braucht nicht debattiert zu werden. Freilich sprechen die archäologischen Befunde, etwa die Höhlenzeichnungen, für eine solche Bindung. Es ist sehr wahrscheinlich, dass bereits die Neandertaler in diesen Höhlen, die ihnen ja auch Schutz boten, ein Schauer, ein Gefühlsüberschwang befiel. Doch dann und wann hieß es Abschied nehmen vom vertrauten, „geliebten" Habitat. Wenn es nämlich nichts mehr oder nicht mehr genügend hergab, wörtlich verstanden. Vielleicht hat so mancher Junge bereits vor dem Auszug von neuen Gestaden geträumt, an denen die Mammuts zahlreicher und die Fische fetter sein würden. Vielleicht haben sie sich seinerzeit in den Clans gezofft, die Befürworter und die Gegner des Dableibens und die des Weiterziehens. In vielen mag ein innerer Konflikt ausgebrochen sein. Und so mancher weise Mann, ein Vorfahre der späteren Magier, Schamanen, Druiden und Priester, mag Jahrtausende übersprungen und vor sich hin gesummt haben: „Fährt ein weißes Schiff nach Hongkong, hab' ich Sehnsucht nach der Ferne, aber dann in weiter Ferne, hab' ich Sehnsucht nach zu Haus."

Es kann auch sein, dass bestimmte Orte zwar durchgängig positive Qualitätsmerkmale haben; und trotzdem erweisen sie sich als spröde und unnahbar. Und lassen mich nicht hinein. Beispielsweise könnte Timbuktu Objekt meiner emotionalen Ortsbezogenheit sein (wohl eher das spanische Städtchen Maro). Aber meine Frau lässt mich nicht da hin, weil sie sich Madagaskar ausgeguckt hat oder ihren Ruhestand in der Bayerischen Staatsbibliothek verbringen möchte. (Ob solcher differenten Vorlieben soll es schon zu Scheidungen gekommen sein.) Oder ich stecke in München fest, weil ich hier einen Haufen Kohle verdiene oder weil ich mein Eigenheim nicht loskriege oder weil ich meine Enkel nicht aus den Augen verlieren möchte oder, oder, oder ...

Es ist schon klar: die Umstände müssen stimmen und natürlich auch die Marktmacht. Es hilft mir gar nichts, wenn ich mir eine Traumwohnung in meiner Traumstadt ausgesucht habe ... und ich kann sie mir nicht leisten. Das scheint eine sehr triviale Feststellung zu sein. Sie ist aber nicht trivial. Sie verweist auf eine sehr tiefe Verwerfung der immer noch, noch immer kapitalistisch verfassten Wirtschafts- und Gesellschaftsordnung, die der ganz einfachen Verwertungslogik unterworfen ist: Wer zahlt, schafft an. Oder: ich kann mich nur dann frei nach meinen Wünschen und Bedürfnissen entscheiden, wenn ich über die entsprechenden Mittel verfüge. – Das ist jetzt keine billige Kapitalismus-Kritik; die Verfechter des bestehenden Systems können ihre Allzweckwaffe „Neiddebatte" gleich wieder wegpacken. Der amerikanische Stadtsoziologe Robert S. Lynd, mitnichten ein Sozialist, hat bereits in den 30er Jahren diesen Zusammenhang folgendermaßen formuliert: Es herrscht im amerikanischen Porzellanladen die gleiche Freiheit für alle, herumzutoben, wie sie wollen: für den Elefanten und das Küken.

Da kann ich lieben, wen oder was ich will.

Ich aber liebe München. Ich muss unbedingt in dieser Stadt leben.

Aber was soll das eigentlich heißen? – Die Freunde von der Geschichtswerkstatt Neuhausen, die später das Thema auf die Ebene ihres Stadtviertels herabbrechen werden, mögen ihr Neuhausen ja lieben. Ich für meinen Teil vermeide in der Regel allzu hochtrabende Formulierungen. Vielleicht wäre „schätzen" oder „hochschätzen" oder „wertschätzen" eher angebracht. Aber wer weiß? Vielleicht liebe ich München ja doch. Man wird sehen.

Was soll das eigentlich heißen: Ich muss unbedingt in dieser Stadt leben. Also, müssen muss ich nicht. Und unbedingt schon gleich gar nicht. Ich habe im Verlauf meines langen Lebens in verschiedenen Orten gelebt. Was die emotionale Ortsbezogenheit anlangt, habe ich auch anderswo keinen schlechten Schnitt gemacht. Nicht immer. Umgekehrt gab es auch in München oft genug schlechte Erfahrungen. Manchmal sehr schlechte. Zögern wir einen Augenblick bei der Beantwortung der Frage, ob ich München denn nun liebe oder bloß schätze und warum dies so ist. Lassen wir meinen fünfjährigen Enkelsohn zu Wort kommen. Wenn er aufgefordert wird, die Gründe für seine Vorlieben zu benennen, sagt er einfach: „Mag halt." Vico von Bülow, Loriot, bringt das natürlich viel feiner und tiefgründiger auf den Punkt: Ein Leben ohne Mops ist zwar denkbar, aber sinn-los.

So steht es aus zwischen mir und München.

Also doch: Ich liebe München. Ich muss unbedingt in dieser Stadt leben.

Und wie hat der Wahlmünchner Dieter Hildebrandt (ein Wahlmünchner war Hildebrandt ja eigentlich nicht, kein „Zuagroaster also. Er, der gebürtige Schlesier hat die Nachkriegsjahre auf dem Land in Niederbayern verbracht und kam zum Studium nach München) München und seine Bewohner bereits im Jahre 1959 wahrgenommen?

> Ja, der echte Münchner, das ist ein geradezu hinreißendes menschliches Wunderwerk. Oft und oft ist mir erklärt worden, welche Fülle von hervorragenden Eigenschaften sich in ihm sammeln. Er ist: ehrlich – fröhlich – tapfer – tolerant – lebens-

lustig – gastfreundlich – sauber – humorvoll – fleißig – treu – sexuell sensationell – fromm – sparsam – ein hinreißender Ehemann – ein mitreißender Unterhalter – ein traditionsbewusster Lokalpatriot – ein Vereinskamerad bis in den Tod – von einer alles überstrahlenden, überragenden Intelligenz und einer nahezu krankhaften Gesundheit. All diese Eigenschaften werden aber noch gekrönt durch seine sagenhafte Bescheidenheit!

Bei Siegfried Sommer, dem wirklich witzigen und selbstironischen Münchner Dichter, dessen Buch *Und keiner weint mir nach* meiner Ansicht nach zur großen Romanliteratur gehört, trübt sich der scharfe Blick sofort, sobald es sich um die Begriffsbestimmung des „echten Münchners" handelt. Da wandelt er sich zum Hohenpriester des Münchentums, zum Folklore-Funktionär, erklärt die falsche Behandlung der Weißwurst zum Sakrileg und möchte öffentlich aus der Haut fahren, die sich vor Erregung weiß-blau gerötet hat. (Dieter Hildebrandt: *Was bleibt mir übrig?* München 1989)

Und warum fühle ich mich in dieser Stadt so wohl? Es liegt an den Menschen, die hier wohnen. Sie sind: ehrlich – fröhlich – tapfer – tolerant – saugrob – verlogen – vermiest – antiliberal – witzig – fleißig – intelligent – lebenslustig – mürrisch – provinziell – bigott – beschränkt – gastfreundlich – unterhaltsam – musisch interessiert.

Die „Münchner Gesellschaft" ist frech, froh, reich und armselig ... Die viel beschworene *Liberalitas Bavariae* hält ihrem Anspruch nicht stand, aber es wird unablässig an ihrer Verwirklichung gearbeitet. – Es macht einen Heidenspaß, in dieser Stadt zu leben.

Persönliche Notiz:

Ich schreibe dieses Buch auch aus einem sehr persönlich gefärbten Erkenntnis-Interesse heraus. Ich wollte immer schon einmal ein Projekt über München machen. Aus Gründen, die hier nicht von Belang sind, kam bisher ein solches Projekt nicht zustande. Es soll hiermit nachgereicht werden. Allerdings war es meine Absicht, auch Grundsätzlicheres zu berühren. Freilich wird in diesem Buch München stets im Fokus bleiben. – Zum zweiten stand ein Mensch, der mir sehr nahesteht, vor der Entscheidung, ob er künftig sein Leben in München oder in einem kleinen Ort in Oberbayern verbringen will, soll, muss. Er hat sich für Letzteres entschieden, aus Gründen, die ich respektiere, obwohl mir die andere Lösung lieber gewesen wäre, auch in seinem Interesse.

In „seinem" Interesse? „Der mir nahestehende Mensch"?

Ich widme dieses Buch meiner lieben Tochter Carolin, die sich um ihrer Kinder willen gar nicht für einen anderen Ort entscheiden konnte als für denjenigen, an dem sie nun wohnt und lebt. Irgendwann mal – so in sechs, sieben Jahren – werde ich dann ihren Söhnen ALLES erklären. Dafür werden mich meine heißgeliebten Enkel Leif und Lennard sehr bewundern ... oder sich denken: Jetzt quatscht der Alte schon wieder was von seiner langweiligen Ortsbezogenheit daher. – Der Opa wird nicht nachlassen.

Ich widme dieses Buch meinem verstorbenen Freund Jürgen Andreas Fleischer. Er hat mich stets mit Witz, Kompetenz und Geduld bei meinen Projekt-Vorhaben beraten; auch bei jenen, bei denen ihm von Anfang an klar war, dass sie nicht realisierbar waren. Ich bin mir sicher, dass es ihn sehr freuen würde, dieses Buch zu lesen.

Ich widme dieses Buch meinem Freund Karl-Werner Brand. Er war gegenüber der Anlage und der Konzeption des hier vorgestellten Projekts ziemlich skeptisch. Oder aber er wollte einfach nicht mitmachen, obwohl ich es mir sehr gewünscht hatte. Ich hoffe sehr, dass ich ihn überzeugen kann. Und die Leser.

Ich bedanke mich bei allen, die in irgendeiner Weise am Zustandekommen dieses Buches beteiligt waren. Ich wünsche ihnen, dass sie am Ort ihrer Wahl gut leben.

München, 2013

Bernhard Winterer

Kapitel 1

Man liebt einen Ort – warum nur?

Einst dichtete Peter Rosegger:

> Ein Freund ging nach Amerika
> und schrieb mir vor einigen Lenzen:
> Schick mir Rosen aus Steiermark,
> ich hab eine Braut zu bekränzen.
>
> Und als vergangen war ein Jahr,
> da kam ein Brieflein gelaufen:
> Schick mir Wasser aus Steiermark,
> ich hab ein Kindlein zu taufen!
>
> Und wieder ein Jahr, da wollte der Freund,
> ach, noch was anderes haben:
> Schick mir Erde aus Steiermark,
> muss Weib und Kind begraben!
>
> Und so ersehnte der arme Mann
> auf fernsten, fremden Wegen
> für höchste Freud, für tiefstes Leid
> des Heimatlandes Segen.

Obwohl die Versuchung groß wäre, groß ist, mit Hohn und Spott über dieses Machwerk herzufallen, wollen wir dieser Versuchung widerstehen. (Allein schon die unbeholfene Metaphern-Wahl rechtfertigt es, das Poem als minderwertig einzustufen: „das Brieflein kam gelaufen", weil es sich auf „taufen" reimt. Und das bedeutungsschwer eingefügte „ach" in der dritten Strophe soll wohl die tiefe Einsicht des Verfassers signalisieren, dass er sich in der Menschen Geschicken – so oder ähnlich würde er es wahrscheinlich selbst ausdrücken – zutiefst auskennt.)

Wir wollten Ironie vermeiden. Sehen wir uns unvoreingenommen an, was der „arme Mann" denn da anstellt. Ganz zweifellos verfügt er über „emotionale Ortsbezogenheit". Nicht zu dem Ort, an dem er lebt, sondern zu dem, den er verloren hat. Es ist klar, dass er mit Steiermark nicht die politische Größe Steiermark meint oder eine Körperschaft im verwaltungstechnischen Sinne. Seine Sehnsucht gilt natürlich seiner engeren geographischen Heimat, vielleicht der österreichischen „Toskana" nahe der slowenischen Grenze. Da geht ihm dann „auf fernsten Wegen" das Herz auf; er vermisst schmerzlich nicht etwa die daheim gebliebenen Verwandten und Freunde, sondern den hoch mit Emotionen besetzten Ort in toto. Und er entwickelt entsprechende Wünsche. Oder sollte man besser von Begierden sprechen?

Für diesen Heimweh-Kranken müssen wir Verständnis haben. Unbeeindruckt von dieser Sympathie (wörtlich bedeutet *sym-pathein* nichts andres als „mitleiden") müssen wir bei ihm eine regelrechte Neurose im klinischen Sinne feststellen. Er versucht nämlich, mit Hilfe völlig untauglicher, ihm letztlich schädlicher Mittel seine „höchste Freud" zu steigern und sein „tiefstes Leid" zu lindern. Seine Wünsche sind im wahrsten Sinne kontraindiziert. Die Rosen, das Wasser und die Erde werden ihn noch tiefer in seine Trauer hineintreiben. Diese Gegenstände sollen ihm Sicherheit verleihen, sie werden ihn aber noch abhängiger machen von seinem Sehnsuchtsort. Er handelt nicht wie ein Erwachsener – was in seinem Fall angezeigt und ein Beweis für seine Souveränität, für Selbstbewusstsein wäre. Im Grunde bettelt er wie ein unmündiges Kind um einen Zaubertrank, der ihn wieder gesund macht. Dass viele Menschen in ähnlichen Situationen sich Ähnliches wünschen bzw. ähnlich reagieren, besagt natürlich nichts über die Richtigkeit unserer Einschätzung.

Wir wollen an dieser Stelle diesen Pfad nicht weiter beschreiten. Es sollte nur umrissen werden, was „emotionale Ortsbezogenheit" eigentlich bedeutet. Und die ist beileibe in den allermeisten Fällen nicht krankhaft, wie die vielen Beispiele, die in diesem Buche vorgestellt werden, bezeugen. Manchmal wird sie vielleicht etwas übertrieben ausfallen, manchmal kurios, manchmal euphorisch, manchmal stinknormal. Was überhaupt nichts darüber aussagt, dass es sich beim gefühlsmäßigen Bezug zu Orten um eine tiefe Schicht menschlichen Empfindens handelt.

Wir haben gerade die politische Dimension der Ortsbezogenheit angesprochen. Auf dieser Ebene kommt es oft zu unfreiwilligen Verwechslungen und zu absichtlichen Manipulationen. Beides lässt sich am besten an amerikanischen Beispielen belegen. So hat der grandiose Country-Sänger Woody Guthrie einst in seinem ebenso grandiosen Song *„This land is your land"* mit *„your land"* nicht den gefallenen Boy aus

Minnesota angesprochen, den man aus Okinawa im Sarg umhüllt mit der US-Flagge nach Hause gebracht hat. Das heißt, gemeint hat er ihn natürlich schon. Nach Guthries Intention hätte er ein besseres Schicksal verdient, als im Dienste „seiner" Regierung verheizt zu werden. Sich an den Schönheiten des Landes als Lebender zu erfreuen, sich gefühlsmäßig an sein Land zu binden. Man macht sich ja selten darüber Gedanken, was das Kürzel GI eigentlich bedeutet. Etwas Zynischeres findet sich kaum: *Government Issue*. Laut dem Globalwörterbuch von Pons „Englisch-Deutsch" hat *issue* auf den ersten Blick sehr neutrale, harmlose Konnotationen: Man gibt ein Dokument heraus oder ein Buch oder eine Zeitung. Dann wird es schon problematischer: *issue* heißt auch „Problem". Außerdem hat es noch die Bedeutungen „Ausströmen" und „Nachkommenschaft". Und als Höhepunkt „Eiterabsonderung". – Ich lasse mich jetzt gern von den verehrten Anglistinnen belehren. In Wahrheit bedeutet *Government Issue* nichts anderes als: der letzte Dreck der Regierung.

So hätten es die wahren Bosse dieser Welt natürlich gerne, ob die an der Wall-Street, im Kreml oder am Platz des Himmlischen Friedens (eigentlich in Shanghai). So wollten sie uns hintrimmen, so haben sie sich ausgedacht, wie wir u n s e r e emotionale Ortsbezogenheit ausrichten sollen. Brüder und Schwestern, vereinigt Euch im gemeinschaftlichen Patriotismus, liebt unser gemeinsames Vaterland, dann geht es uns allen gut! – Dass die bayerische Staatsregierung und die sie tragende Partei bei diesem wahrlich unverschämten Spiel auch ein bisschen mitmischen wollen mit ihrem Slogan vom „Laptop und Lederhose" und den weiß-blauen Himmel als eigenes Verdienst reklamieren, hat schon etwas Humoristisches an sich. Diesen Part überlassen wir lieber einem Berufeneren. Gerhard Polt liebt seine Heimat bestimmt nicht weniger als irgendein Funktionär der Jungen Union in seiner Hirschledernen. Letztere braucht der nicht.

Wie werden wir das Thema bearbeiten? Zunächst nimmt der Herausgeber für sich das Privileg in Anspruch, sich ausführlich zur eigenen Geschichte zu äußern, soweit Orte betroffen sind, an denen er gelebt hat. Und darüber, wie diese zu den anstehenden Lebensentscheidungen standen bzw. stehen. Er wird einen sehr persönlichen Ansatz wählen. Er macht dies nicht, weil er sein EGO in den Mittelpunkt stellen möchte.

Er ist aber der Überzeugung, dass er im Rahmen dieser Arbeit gar keine andere Möglichkeit hat. Dass er für sich das Privileg in Anspruch nimmt, seinen Weg ausführlich darzustellen, ist gar kein Privileg. Alle anderen Mitarbeiter an diesem Projekt sowie die Interviewpartner hatten jegliche Freiheit, sich umfangreich zu äußern in ihren eigenen Beiträgen oder bei den Interviews. – Ich bin überzeugt, die Leser werden auch bei kürzeren Beiträgen die Ernsthaftigkeit und Authentizität spüren, mit der zu Werke gegangen wurde.

Im zweiten Kapitel kommen Menschen der jüngeren und der älteren Generation in Interviews zu Wort, die ja oft in sehr verschiedenen Lebenssituationen stehen, wenn sie sich entscheiden, entscheiden müssen oder wollen, wo sie leben können oder wollen. Bei den Älteren sind die Würfel meist längst gefallen. Nicht bei allen. So mancher hat vor, noch im fortgeschrittenen Alter, seinen Wohnort zu verlagern. Oder er träumt davon. – Ich bin sehr gespannt darauf, was aus diesen Träumen wird. Jedenfalls wünsche ich den Betroffenen bei ihrem Vorhaben viel Glück. Bei den Jüngeren ist die Entscheidung oft noch viel schwieriger; manche von ihnen tragen die aktuelle Last, auch für ihre eigenen Kinder die Verantwortung übernehmen zu müssen.

Im Anschluss an die Interviews werden sich Bernhard Schoßig, Claudia Fenster und Pilar Alegre mit Originalbeiträgen zur Sache äußern. Diese Darstellungen werden – so viel kann schon vorweggenommen werden – sehr heterogen ausfallen.

Das gilt auch für den nächsten Abschnitt. Da die Menschen nicht einfach in München leben oder in Köln oder in Aachen, sondern in Bogenhausen oder in Ossendorf oder in Brand, also in einem speziellen Stadtviertel, der die wirkliche emotionale Bindung an die eigene Lokalität ausmacht, werden Mitarbeiter der Geschichtswerkstatt Neuhausen diese Beziehung zum Stadtviertel, ihrem Quartier, ihrem Habitat herausarbeiten. Franz Schröther, Erika Dichtl, Karl Königsbauer und Achim Feldmann werden ihre eigene, sehr persönlich gefärbte Sicht der Dinge präsentieren.

Im Anschluss an den empirischen Teil des Buches wird es noch richtig literarisch und philosophisch. Und wir lassen der Phantasie freien Lauf. Unterstützung kommt von Dichtern. Wer, wenn nicht sie, könnte den

Zusammenhang zwischen Ort und Gefühl besser beschreiben. Kurt Tucholsky, Gottfried Keller und Heinrich Heine kommen zu Wort.

Ganz zum Schluss gibt es noch einige Gedanken über Heimat, Heimweh, Flair, Atmosphäre, also über Dinge, die in enger Beziehung zur emotionalen Ortsbezogenheit stehen.

Ich liebe München. Ich muss unbedingt in dieser Stadt leben.

Wir haben die Frage schon mehrmals gestellt – und werden sie immer stellen: Was soll das eigentlich heißen? Eine Stadt lieben und in ihr darüber hinaus auch noch unbedingt leben zu wollen. Viele Dichter haben „ihre" Stadt geradezu in den Himmel gehoben, wie eine erotische Figur behandelt. Oder ihr Mutter-Imago auf sie übertragen. Andere wiederum haben sich an ihrem Liebesobjekt berauscht wie am Wein oder ihm sonstige positive Attribute angehängt, die einem Haufen aus Steinen – und im Grunde genommen ist eine Stadt ja nichts anderes – eigentlich gar nicht zukommen.

Es gibt natürlich auch Menschen, die keinesfalls in München leben wollen, es ist ihnen vielleicht zu laut und zu hektisch oder einfach zu groß. Anderen ist es wiederum zu spießig und zu provinziell. (Die Zeiten, da die Fremdenverkehrsleute noch mit dem Slogan vom gemütlichen „Millionendorf" werben konnten, sind längst passé. Obwohl ... gemütlich hätte man es schon noch gern – irgendwie.) Ihnen fehlt das internationale Flair, der letzte kulturelle Schliff. Andere wiederum stören sich am Schicki-Micki-Treiben in der Maximilianstraße und der Theatinerstraße. (Als ob es das nicht auch anderswo gäbe.) Man könnte dem ohne Umstände ausweichen.

Es gibt das andere Extrem. Es gibt Menschen, die sind stolz darauf, Münchner zu sein. Da kommt dann schnell die dumm-dreiste Rede vom „mia-san-mia" ins Spiel, worin der Präsident des FC Bayern München ein Meister ist. Mindestens. Eigentlich passt bei ihm „Weltmeister" ja viel besser.

Um wie viel eleganter und sympathischer trägt der Madrilene seinen Stolz zur Schau, wenn er sich als solcher outet. Dann sagt er gern: E i n e n Fehler muss jeder haben.

Nun ist das mit dem Stolz eh so eine Sache. Kurt Tucholsky hat 1932 mit dem ihm eigenen Spott diese Art der Selbstbeweihräucherung wunderbar demaskiert. Im Aphorismus-Stil hat er in *Worauf man in Europa stolz ist* den lokal bezogenen und den nationalen Stolz aufs Korn genommen und mit anderen politischen und privaten Formen von Stolz kontrastiert.

> Man ist stolz in Europa:
> Deutscher zu sein
> Franzose zu sein
> Engländer zu sein.
> Kein Deutscher zu sein
> Kein Franzose zu sein
> Kein Engländer zu sein. (...)
> Eine deutsche Mutter zu sein. Am deutschen Rhein zu stehn. Und überhaupt.
> Ein Autogramm von Otto Gebühr zu besitzen (G. war zu der Zeit ein berühmter Filmschauspieler. Seine Paraderolle war der „Alte Fritz" – B.W.)
> Eine Fahne zu haben. Ein Kriegsschiff zu sein.
> Im Kriege Proviantamtsverwalterstellvertreter gewesen zu sein.
> Bürgermeister von Eistadt a. d. Dotter zu sein. (...)
> Als deutscher Sozialdemokrat Schlimmeres verhütet zu haben.
> Aus Bern zu stammen. Aus Basel zu stammen. Aus Zürich zu stammen (Und so für alle Kantone der Schweiz.) (...)
> Deutscher zu sein. Das hatten wir schon.
> Ein jüdischer Mann sagte einmal: „Ich bin stolz darauf, Jude zu sein. Wenn ich nicht stolz bin, bin ich auch Jude – da bin ich schon lieber gleich stolz."

So, nun äffen wir Kurt Tucholsky nach: Ich bin nicht stolz darauf, Münchner zu sein.

My Way – prägende Stationen

Es gab ein Leben vor München und mehrere Stationen dazwischen. Allesamt hatten sie emotionale Bedeutung, wenn auch mit verschiedener Gewichtung. Es hängt natürlich auch mit der unterschiedlichen Verweildauer zusammen. Mit München werden sie sich freilich nicht messen lassen können. Trotzdem nimmt die erste Station Nördlingen im Rahmen dieses Berichts einen relativ breiten Raum ein. Ganz einfach deswegen, weil die ersten Erfahrungen, die man während der Sozialisation macht, stilbildend für das spätere Leben sind. Auch für den emotionalen Ortsbezug.

Aufgewachsen bin ich also in Nördlingen, dem Zentrum des bayerisch-schwäbischen Ries, in einer der fruchtbarsten Regionen Bayerns, die auch lange Zeit durch ihre Viehzucht berühmt war. In der Volksschule lernten wir, dass Nördlingen den größten Schweinemarkt Bayerns und – man höre und staune! – den größten Gänsemarkt Deutschlands abhalte. Da waren wir alle ganz stolz.

Die Eltern waren zum Zeitpunkt meiner Geburt 45 bzw. 37 Jahre alt. Der Vater, der aus der württembergischen Uhrenstadt Schramberg stammte, war von Beruf Handelslehrer. Bis zu seinem Tod im Jahre 1953 übte er diesen Beruf an der Handelsschule in Nördlingen aus. Die Mutter war ausgebildete Handarbeitslehrerin, fand aber in Zeiten der Weltwirtschaftskrise mit Ausnahme von einigen Hortaushilfen keine Anstellung. Seit der Eheschließung 1937 ging sie ganz in ihrer Rolle als treusorgende Ehefrau und später als Mutter auf. Das Ehepaar war seit 1938 in Nördlingen ansässig. Im gleichen Jahr wurde eine Tochter geboren. Man war aus Koblenz bzw. Gütersloh zugezogen, wo der Vater kurzfristige Arbeitsverhältnisse hatte. Geplant war als Endstation München, die Heimat der Mutter. Nördlingen sollte lediglich die Zwischenstation auf dem Weg dorthin sein. Auf Grund der kriegs- und nachkriegsbedingten Umstände wurde dieser Plan nicht realisiert.

Zum Zeitpunkt meiner Geburt (1944) lebten in Nördlingen circa 8.000 Einwohner. Erst der Zuzug der überwiegend aus Schlesien stammenden Flüchtlinge brachte eine Aufstockung auf circa 13.000. Der Zuzug war auch insofern von Bedeutung, als er einen nennenswerten konfessionellen Ausgleich mit sich brachte. In der ehedem (protestantischen) Freien

Reichsstadt waren die Katholiken eine verschwindende Minderheit gewesen. Die Evangelischen blieben bis weit in die Nachkriegszeit hinein in jeder Hinsicht tonangebend. Einen Katholiken als Bürgermeister, das hätten sich diese selbst nicht vorstellen können.

Stadt und Umland blieben während des Krieges von Kampfhandlungen fast unbehelligt, vor allem wohl deshalb, weil der gesamte Raum beinahe ausschließlich landwirtschaftlich genutzt wurde. Nennenswerte Industrieansiedlungen gab es so gut wie nicht.

Hineingewachsen bin ich in eine Baugenossenschaft mit 45 Wohneinheiten. Die quadratisch angelegte Siedlung umschloss mit ihren drei Blöcken großflächige Gartenanlagen, die in der Nachkriegszeit von den Anwohnern intensiv zum Obst- und Gemüseanbau genutzt wurden. Die rückseitigen Areale waren ausgestattet mit Vorrichtungen zur Wäschepflege, dienten aber vor allem den 80 bis 100 Kindern aller Altersstufen (ein Überblick ist in der Retrospektive kaum mehr möglich; die Größenordnung dürfte aber korrekt wiedergegeben sein) als Spielfläche. Dieser Umstand ist für die emotionale Bindung an ein Quartier von ausschlaggebender Bedeutung. Natürlich ist hiermit nicht die pure Anzahl der möglichen Spielgefährten gemeint, sondern der nahtlose Übergang von einer Altersgruppe in die nächste.

Die Siedlung lag außerhalb des historischen Ortskerns, der von einer Stadtmauer umgeben ist (übrigens der einzig durchgängig begehbaren in Deutschland). Darauf sind die Nördlinger stolz. Dieser Stolz ist auch in kompensatorischer Hinsicht zu verstehen. Gegenüber dem vergleichbaren, ebenfalls mittelalterlich geprägten Dinkelsbühl, vor allem aber gegenüber Rothenburg fühlte man sich lange Zeit im Hintertreffen: Diese Städte lockten einfach mehr Touristen an (in den 50er Jahren auch schon aus Amerika). In unmittelbarer Nachbarschaft der Baugenossenschaft wirtschafteten noch lange Zeit bäuerliche Betriebe im Vollerwerb. Es gab meiner Schätzung nach mindestens 20 davon. Beim Bauern holten die Kinder abends die Milch.

Eben wurde die Stadtmauer erwähnt. Die Stadt besitzt noch eine Reihe anderer mittelalterlicher Baudenkmäler von ähnlichem Kaliber. Erwähnt sei hier nur der „Daniel", der Turm der Stadtkirche mit einer Höhe von 90 Metern der vierthöchste in Bayern. (Worauf man selbstverständlich auch stolz ist.) Von seiner Spitze aus kann man alle 99 Gemeinden des Ries erblicken.

Das haben wir alles in Heimatkunde gelernt – inklusive der vielen Episoden, die damit verbunden sind, z. B. wie die schlauen Nördlinger Bürger den beutegierigen Oettinger Grafen ein Schnippchen schlugen. Darauf war nun der Herr Lehrer stolz. Die Mutter, die aus München stammende Katholikin, war darauf stolz, dass 1632 in der Schlacht bei Nördlingen die Kaiserlichen die schwedischen Heere vernichtend geschlagen hatten. So mischte sich das mit der Loyalität gegenüber dem Ort. Der Religionslehrer wies uns darauf hin, dass wir mit den protestantischen Mitschülern zwar spielen dürften, aber echte Freundschaften könnten wir mit denen nicht schließen. Im Umgang mit dem Dieter, dem Peter und dem Robert hat diese Ermahnung nie eine Rolle gespielt.

Für den Knaben blieben diese von schulischen Autoritäten kommenden Unterweisungen ohnehin sehr abstrakt. Es gab da viel handfestere Anbindungen und Identifikationsmöglichkeiten, vor allem den Fußball. Und den jetzt nicht deswegen, weil die heimischen Kicker so erfolgreich gewesen wären (über die A-Klasse kam man selten hinaus). Es war ein einzelner Mensch, der hier loyalitätsstiftend wirkte. Der berühmte Gerd Müller war's. Man muss seine Bedeutung für die emotionale Ortsgebundenheit diachron verstehen. Erst als der spätere „Bomber der Nation" für Schlagzeilen sorgte und man selbst gar nicht mehr in der Stadt lebte, erwachte in einem ein merkwürdiger Stolz (!). Dass es den „Hatte" ausgerechnet nach München verschlagen hatte, stabilisierte dieses Gefühl. Mit ihm hatte man doch bis vor kurzem noch auf den abgeernteten Stoppelfeldern dem Leder nachgejagt. Der arme Gerd! Er war damals bereits ein Fußball-Wahnsinniger. Dass später einmal der berühmte spanische Schriftsteller Manuel Vázquez Montalbán seine Beine mit den zerfließenden Uhren von Salvador Dalí vergleichen würde, das hätte sich damals kein Wahrsager vorstellen können. – Heute ist das Haus, in dem er aufgewachsen ist, fester Bestandteil jedes Stadtrundgangs. Da ist wieder mal jemand stolz. Diesmal die Stadtführerin. Von irgendwelchen zerfließenden Uhren hat er ganz bestimmt noch nie was gehört. Und wenn, er würde es nicht verstehen. Aber jedes Mal, wenn ich diesen schlichten Menschen im Fernsehen sehe, zum 65. Geburtstag tapfer am Mineralwasser nippend, natürlich aber vor allem, wenn seine phänomenalen Tore gezeigt werden, überkommt mich Rührung.

Und ich denke an Nördlingen.

Aber besonders stabil war die emotionale Bindung an die Heimatstadt bei dem Heranwachsenden nicht mehr. Sie wurde mit der Zeit immer lockerer, regelrecht labil. Dies hatte unterschiedliche Gründe. Zum einen wurde die soziale Kontrolle immer unerträglicher. (Was natürlich keine besonders aussagekräftige Botschaft ist, gilt sie doch für alle Jugendlichen auf der Welt. Aber jeder Jugendliche in der Kleinstadt muss sie individuell aushalten.) Der Lateinlehrer – damals musste man ihn noch mit „Herr Professor" ansprechen – hatte seine Wohnung über dem Kino. In der Sprechstunde verpetzte er mich bei der Mutter. Ich hätte wohl mehr Interesse an den Filmplakaten als an lateinischen Vokabeln. Die verordneten Nachhilfestunden fruchteten nichts. Die Versetzung schaffte der Knabe nicht. Und diese Schande konnte die standesbewusste Mutter, die Frau Studienrat – sie war seit 1953 verwitwet und gab in amtlichen Formularen als Beruf „Studienratswitwe" an – litt sehr unter dieser Schande. Und so wurde mir das ganze Nördlingen immer mehr vergällt.

Doch das Gegenmodell war längst präsent und in der Familie Dauerthema. Es hieß MÜNCHEN. Ohne den Krieg und den Tod des Vaters hätte man längst dort seinen Wohnsitz genommen. Die Mutter drängte es mit Macht zu den zwei Münchner Schwestern. Selbstverständlich verbrachte man einen Großteil der Sommerferien bei ihnen. (Den Rest der Ferien musste man ins langweilige Schramberg, das schon deshalb keine Alternative zu Nördlingen sein konnte, weil es auch so klein war und noch spießiger, mit Kurpark und so. Außerdem verboten die dortigen ledigen und bigotten Tanten alles Mögliche, z. B. das Eisessen.)

Wie herrlich dagegen München! Allein die Dimensionen beeindruckten bereits den Fünfjährigen. Jede Straßenbahnfahrt (nein, das hieß Trambahnfahrt) erschien ihm wie eine köstliche Ewigkeit. 1950 nahm ihn Onkel Sepp – das war der Mann von Tante Anna – zum ersten Münchner Faschingsumzug mit. Der allein schon wegen seiner Länge eine Klasse für sich war. Der Onkel Sepp war Wachtmeister im Untersuchungsgefängnis Neudeck in der Au. Die Dienstwohnung war direkt durch eine Stahltür mit der Haftanstalt verbunden. Dies rief noch beim Zehnjährigen einen wunderbaren Nervenkitzel hervor und wurde selbstverständlich als weiterer Pluspunkt auf der Haben-Seite von München verbucht. Wie so vieles andere, eigentlich für seine Altersstufe völlig Abwegige. Das Gefängnis lag unterhalb des Salvatorkellers und der zugehörigen Brauerei. Ständig waberte ein süßlicher, heimeliger Duft von Malz über dem Gelände. Selbstverständlich rochen auch die Tomaten im Garten und die Holzspäne in der Werkstatt viel besser als die des Nachbarn in Nördlingen. Wie der treffliche Aphoristiker Wolfdietrich Schnurre hierzu einmal anmerkte. „Die Nase denkt mit. Ein Milieu ohne Geruch i s t kein Milieu. Kindheitsgerüche haben die Keuschheit von damals erhalten." Es gab natürlich auch manifestere Attraktionen. München war bis weit in die 50er Jahre hinein von vielen Trümmerfeldern übersät – die ideale Spielstätte für Kinder.

Und so reihte sich ein Loyalitäts-Spender an den anderen. Der Besuch im Tierpark Hellabrunn, die anfänglich noch hölzernen Rolltreppen in den Kaufhäusern, der Viktualienmarkt („Grüne" Markt) usw. usf. All das vermittelte den Eindruck, man hielte sich in einer Weltstadt auf und hielt dies sich selbst als Verdienst zugute. Und konnte nach den Ferien damit angeben. Man versuchte es wenigstens. Als der Zeichenlehrer einmal von New York erzählte, wie groß und großartig dort alles sei, wollte ich auch mithalten und malte die riesigen Dimensionen meiner Traumstadt aus. Dieser Lehrer – offensichtlich ein begnadeter Pädagoge – wies den Jungen schnöde ab: München dagegen sei ein Dorf. Er wollte mich wohl beschämen, aber meiner Begeisterung konnte er nichts anhaben.

Dass die Tante Anna eine begnadete Köchin war, braucht nicht weiter erwähnt zu werden. Dass die Tante Betty, bei der und dem Onkel Hans man häufig zu Besuch war, womöglich noch besser kochen konnte – die hatten zu der Zeit sogar schon einen Elektro-Grill, ein völlig unbekanntes Wesen ... Ich muss an dieser Stelle abbrechen, sonst möchte ich nochmals fünf oder zehn Jahre sein. Und dann könnte ich nicht weiter an diesem Buch arbeiten.

Doch zwei Nachschläge aus der Zeit, als ich elf oder zwölf Jahre alt war. Dabei geht es um das AKI und um Mord.

Die Tante hielt mich an der langen Leine und ließ den Jungen allein in der großen Stadt herumziehen. (Ich besitze heute noch eine Postkarte, die ich als Achtjähriger zusammen mit dem Onkel von den Frauentürmen aus nach Hause geschickt habe. Der staunende Knabe vermeldete: „Die Stadt ist groß.") Allein ins Kino! Das wurde in Nördlingen nur bei sogenannten Kulturfilmen erlaubt. Dass man sich ständig im Straßengewirr verlief und doch wieder heimfand, weckte ein Selbstbewusstsein der ganz eigenen Art und bewies, dass einen die geliebte Stadt schon nicht auffressen würde. Am liebsten ging man ins AKI am Hauptbahnhof. Das Aktualitätenkino, in dem man sich mit einer Eintrittskarte so lange aufhalten konnte, wie man wollte, brachte einen Zusammenschnitt sämtlicher Wochenschauen. In einer Zeit, als es in der ganzen Baugenossenschaft überhaupt noch keinen Fernseher gab – bei meinem Abgang 1959 verfügte gerade mal eine Familie über so ein Gerät – war dies von besonderem Interesse. Natürlich musste auch der obligatorische Kulturfilm ertragen werden, aber die Zuckerstückchen waren die Zeichentrickfilme mit Donald Duck, Micky Maus, Klein-Adlerauge und den anderen. Und die schaute man sich mindestens zweimal, meist aber dreimal an – und war für Stunden selig.

Doch was war nun mit dem Mord? Es handelte sich in Wirklichkeit um drei Morde. Wie erwähnt, war die Tante in puncto Ausgang sehr leger, man könnte auch sagen tolerant, die ängstliche Mutter hätte sowas nie zugestanden. In den Jahren 1955 und 1956 wurden im Stadtteil Obergiesing, der an die Au angrenzt, die Leichen dreier erschossener Jungen aufgefunden. Sie waren in meinem Alter. Und einer von ihnen hieß Bernhard. Oh Gott! Daraufhin war mit der Laissez-faire-Politik der Tante in Sachen Ausgang Schluss. Verdächtigt (nicht von der Polizei) wurden in erster Linie amerikanische Besatzungssoldaten, denen die christkatholischen und fest in der Pfarrgemeinde verwurzelten Familien grundsätzlich Homosexualität „zutrauten". Der Begriff „Homosexualität" fiel nicht; er wäre mir auch völlig unbekannt gewesen. Das merkwürdige Gerede, „die" hätten es besonders auf dicke Buben abgesehen – der etwas jüngere Groß-Cousin war ziemlich korpulent –, ist mir allerdings schon aufgefallen und bereitete einiges Kopfzerbrechen. Aber offen konnte man seinerzeit darüber nicht reden. Einige Jahre später stellte sich heraus, dass nicht ein GI der Täter gewesen war, sondern der gestörte Sohn eines biederen Möbelhändlers aus der weiteren

Nachbarschaft. Ausgerechnet in dessen Lager habe ich – wiederum ein paar Jahre später – als Schüler in den Ferien gejobbt. Ich habe diesen Zufall umgedeutet in einen Beweis für meine enge Verwobenheit mit München. (Ungefähr zur gleichen Zeit habe ich zusammen mit einem Kameraden in einer Kneipe den Müller Gerd beim Kartenspielen angetroffen. Der Kamerad forderte mich natürlich auf, Kontakt mit dem inzwischen schon stadtbekannten Torjäger aufzunehmen. Aber ich war einfach zu schüchtern.)

Ein, zwei Jahre nach den Morden war beim München-Aufenthalt die ganze Aufregung vergessen. Ich war jetzt 13 Jahre alt und der Freiraum entsprechend größer. Ich habe ihn genutzt. München war nicht eine Fata Morgana, nein, München war das Paradies auf Erden.

Zwei Jahre später sollte der Traum endgültig Realität werden.

Man erinnere sich. Das schmachvolle Versagen in der Schule! Wo doch die liebevolle Mutter ihren Sohn schon in der Rolle des Chefarztes oder des Jugendrichters gesehen hatte! Es fand eine Art Familienkonferenz statt, was nun mit dem Schulversager, wohl eher Schulverweigerer zu geschehen habe. Eine Familienkonferenz war das sicherlich nicht. Ich war selbstverständlich nicht beteiligt. Und entschieden hat ganz sicherlich alleine die inzwischen 21-jährige Schwester, Studentin der Medizin in München. Sie hatte sich inzwischen mit einem Kommilitonen zusammengetan, eine Wohnung war in Aussicht. So viel wusste ich schon. Wie im Nachhinein klar wurde, war ausgeheckt worden, dass ich unter der Kuratel der dominanten Schwester auf den rechten Weg gebracht werden sollte. Und überhaupt! Ich wäre wohl der nachgiebigen Mutter total entglitten. – Die Schwester hatte die Hosen an. Wenn es nicht doch etwas übertrieben wäre, könnte man von einer alleinerziehenden Schwester sprechen. Der Tod ihres Mannes hatte die Mutter geradezu paralysiert. Es dauerte lange, bis sie wieder einigermaßen handlungsfähig war. Und so musste die 14-jährige Tochter gezwungenermaßen das Kommando übernehmen.

Beim nächsten München-Aufenthalt führten sie mich in das noch im Rohbau befindliche Haus mit der Wohnung des jungen Paares. Und dann wurde mir in einem Raum eröffnet, dass dies mein zukünftiges Zimmer sein werde. Welcher Taumel erfasste mich! Die ganze Ge-

28

schichte war ja – und so viel verstand ich schon – als eine Art betreutes Wohnen gedacht. Ganz so war es natürlich nicht. Die beiden gaben sich redlich Mühe, mir mein zukünftiges Leben in München schmackhaft zu machen. Sie rannten offene Türen ein. Das war den beiden auch klar. (Warum die Mutter nicht gleich in das Arrangement eingebunden wurde, ist im Nachhinein nicht mehr eruierbar. Soweit ich mich erinnere, hatte sie sich inzwischen ganz gut erholt und spielte im Nördlinger Leben wieder die Rolle der anerkannten Studienratswitwe. – Eineinhalb Jahre später sollte sie dann doch nachfolgen.)

Ich weise darauf hin, dass hier nur ein Extremfall des in diesem Buch zur Debatte stehenden Themas, nämlich die Entscheidung für einen Ort, inklusive der emotionalen Anbindung vorliegt. Das geschah quasi hinter dem Rücken des Betroffenen. Wenn man es recht bedenkt, geht es vielen Menschen so oder ähnlich. In der Regel sind sie aber erwachsen.

Die Jahre von 1959 bis 1972, also die Gymnasialzeit bis zum Abschluss des Studiums werden in geraffter Form abgehandelt. Dies hat zwei Gründe: zum einen wollen wir die Leser nicht mit der eigenen Euphorie überschwemmen, zum anderen nimmt die emotionale Bindung an München im Lauf der Jahre ab und wird von anderen Gefühlen überlagert. Das war am Anfang natürlich anders. Dem 15-, 16-, ja selbst dem 20-Jährigen erschien München immer noch als Paradies. Zumindest konnte er sich nicht vorstellen, anderswo zu leben. Und gegenüber Nicht-Münchnern stellte sich ein hochmütiges und unsinniges Überlegenheitsgefühl ein.

Natürlich hat der 15-Jährige, der 17-Jährige, ja sogar der 20-Jährige noch nicht begriffen, dass es eine Sache ist, in den Ferien die Angebote der Großstadt auszukosten, und eine andere, in ihr zu leben. Dabei geht es immer auch um Anpassungsprozesse an einen neuen sozialen Status. Übertragen auf den Neuankömmling hieß dies am Anfang, dass er glaubte, er hätte nun unendlich viel Zeit, die Kostbarkeiten von München zu genießen.

Als ich am 15. September 1959 in München eintraf, war schon alles geregelt, ohne mein Zutun. Das richtige Gymnasium war ausgewählt. Es musste „natürlich" ein humanistisches sein. Warum eigentlich? Hier spielt ein seltsamer Standesdünkel von Mutter und Schwester hinein, der im Grunde durch nichts gerechtfertigt war. Aber das nur am Rande. Und so ging ich ab Herbst 1959 in das Theresien-Gymnasium unterhalb der Schwanthaler Höhe. Und war wieder einmal stolz. Wieder einmal ziemlich sinn-los.

Im Kreis der neuen Kameraden hatte ich schnell mein spezielles Image erworben. Obwohl nicht offen ausgesprochen, war mir klar, dass man mich als Landpomeranze oder Landei nicht ernst nahm. Und ein Spitzname war auch schnell gefunden. „Zahnstocher-Charly". (1959 brachte Billy Wilder seinen wunderbaren Film „Manche mögen's heiß" heraus, in dem eben eine tölpelhafte Figur mit dem Spitznamen „Zahnstocher-Charly" auftritt. Ich habe den Hintergrund damals nicht verstanden, weil der Film ab 18 war und ich mich im Gegensatz zu den 14-jährigen Kameraden nicht hineingetraut hatte.) Ich, das Landei! Doch die Anpassungsbereitschaft war groß. Auf drei Feldern konnte man punkten: als relativ guter Torwart im Fußball und Handball und als Verzehrer von reichlich Bier. Einige Jahre später ging es dann an die härteren Sachen. Im Vorort Solln hatte der Vater eines Mitschülers für die Geschäftspartner Unmengen von Gin, Whisky und Wodka gebunkert. Dem Sohn war es ein Leichtes, eine Flasche abzuzweigen. Die haben wir dann in den Cafés rund um den Goetheplatz heimlich ins Cola gemischt. Außerdem trafen wir uns eine Zeitlang in Solln, um lange vor den Beatles Musik zu machen – und am Abend mit den Schwestern und deren Freundinnen wilde Partys zu feiern. Wie man sieht, die Integration war gelungen. Inzwischen hatten auch die Freunde amerikanische Namen angenommen. Aus Hubert und Wolfgang waren Jim und Tom geworden. Es war die Zeit von John F. Kennedy und Peter Stuyvesant und wir fanden das schick. Und das Landei war längst vergessen.

Zum 17. Geburtstag gaben mir Jim und Tom per Telefon durch:

München, den 22. 8. 1961

Lieber Charly!
Ei wie hüpft mein Herz voll Freude
Charly hat Geburtstag heute
Und wir wünschen ihm dazu
Glück und Segen ohn' Getu.
Er ist doch ein guter Junge

Mag kommen Freude oder Leid
Wir bleiben Freunde alle Zeit
Mag er recht lange leben
und niemals sich dem Suff ergeben.

Tom und Jim

Anlässlich des 17. Geburtstages B. Winterer nach Vernichtung von zwei Maß Bier Hellen im Salvatorkeller zu München gedichtet.

So war das damals mit der Integration.

Warum ich da wohl nicht dabei war? Ich weiß es wohl. Der 17-Jährige war noch sehr in der Familie integriert. (Taufpate war er bei zwei Neffen, die sonntäglichen Autoausflüge hat er zumindest eine Zeitlang ohne Murren mitgemacht, an Weihnachten auch ohne Murren das Evangelium verlesen – obwohl längst Atheist. Nach dem Abitur war er bis zur Aufnahme des Studiums in der Praxis des Schwagers sogar Arzthelfer im weißen Kittel.) So war es denn selbstverständlich, dass der 17-Jährige seinen Geburtstag im Kreise seiner Familie feierte.

Was das alles mit München und der emotionalen Ortsbezogenheit zu tun hat? Reichlich wenig. Wie bereits betont, schrumpfte die Identifikation erheblich. Die geschilderten Freizeitaktivitäten hätten sich genauso in Hamburg oder Köln abspielen können. – Auf einem Feld freilich war man die ganze Zeit über ein Münchner voller Inbrunst. Die Erfolge des FC Bayern München in der neu gegründeten Bundesliga boten hierzu reichlich Gelegenheit. Schließlich gehörten wir der gleichen Generation wie Beckenbauer, Maier und Müller an.

Aber so wichtig war auch dies wiederum nicht, wenigstens mir nicht. Die Probleme, die sich mit dem Erwachsenwerden einstellten, waren stets wichtiger. Dies hieß in erster Linie, sich Freiräume zu schaffen, die einem erlaubten, trotz der weiterhin als bedrängend empfundenen Anbindung an die Familie ein relativ unabhängiges Leben zu führen.

Dies wurde eigentlich erst möglich mit Aufnahme des Studiums. Da ich keinen Anspruch auf ein Stipendium hatte, kam als Studienort nur

München in Frage, obwohl ich Soziologie viel lieber in Frankfurt oder Berlin studiert hätte.

Gewohnt habe ich während der Gymnasialzeit in Obergiesing, in der Nähe des Salvatorkellers, der mir seit der Kindheit vertraut war und dessen Angebote ich als Schüler der Oberstufe zusammen mit den Freunden gerne nutzte. Der Wohnort wurde dann in den Vorort Oberschleißheim verlagert, wovon ich täglich mit dem Bummelzug nach München pendelte, um am Soziologischen Institut der LMU zu studieren. Da ich mich den ganzen Tag in München aufhielt – die Abendstunden „studierte" man zusammen mit den Kommilitonen heftig in den Kneipen weiter – hinterließ der Aufenthalt in Oberschleißheim keine nennenswerten Spuren, jedenfalls keine, die etwas mit emotionaler Ortsgebundenheit zu tun gehabt hätten.

Einmal wurde ein Wechsel nach Mannheim erwogen. Einen Freund und mich hätte es gereizt, gewissermaßen in der Höhle des Löwen einen unserer ideologischen Gegner vor Ort kennenzulernen. In Mannheim lehrte der Philosoph und Soziologe Hans Albert, renommierter Widerpart unserer Favoriten Adorno und Habermas. Der Plan zerschlug sich – aus finanziellen Gründen. Ich erhielt ja, wie gesagt, kein BaföG und hätte mir eine Wohnung in einer anderen Stadt nicht leisten können. Dem „ausreisewilligen" Freund erging es ähnlich. In München hatte er immerhin so viele Job-Möglichkeiten, um sich zwar mühsam, aber doch über Wasser halten zu können. Mir eröffnete sich die Chance, in der Bibliothek des Soziologischen Institutes für 15 Monate als studentische Hilfskraft zu arbeiten. Über den finanziellen Aspekt hinaus bot diese Tätigkeit eine Vielzahl von Kontakten zu Dozenten und Assistenten, ein Umstand, der meinen Studien sehr zustatten kam. Im problemlosen Umgang mit den Kommilitonen entwickelte sich rasch ein dichtes Netz an sozialer Infrastruktur. Über die ausgeliehenen Bücher kam man leicht ins Gespräch. Für mein späteres Leben von sehr entscheidender Bedeutung sollte sich erweisen, dass aus diesem Kommunikationsgefüge ganz enge Freundschaften erwuchsen, die ich heute noch pflege. Neben meiner Frau und meinen Töchtern (und Enkeln) sind dies die wichtigsten Menschen in meinem Leben.

Nachdem ich das Studium 1972 abgeschlossen hatte und als Sozialkundelehrer an einer privaten Chemie-Schule nun über ein Einkommen verfügte (das Einkommen wurde aufgebessert durch zahlreiche freiberufliche Tätigkeiten als Dozent an der Münchner Volkshochschule und an zwei Fachhochschulen), konnte ich mir – endlich – ab März 1973 eine eigene Wohnung leisten. Ich fand sie in der Neuhauser Andréestraße in der Nähe des Rotkreuzplatzes. Erst hier spielt das Motiv der emotionalen Ortsbezogenheit wieder eine gewisse Rolle. Die Gegend um den Rotkreuzplatz wurde in der Tat zur Heimat. In den Traditionslokalen „Bärenwirt" und „Jagdschlössl" war ich Stammgast und nutzte auch die sonstigen gastronomischen Angebote Neuhausens weidlich.

In jenen Jahren hatte die Gegend rund um den Rotkreuzplatz noch einen völlig anderen Charakter. Den Kaufhof, der kurze Zeit später errichtet wurde und prägend werden sollte, gab es noch nicht. Zahlreiche Billigläden in Bretterbuden boten alternative Mode und selbstverfertigten Schmuck an.

Nicht alles hat mir zu jener Zeit an und in Neuhausen gefallen. Vor allem der damals gebaute Mittlere Ring erregte mein Missfallen. Die ehemalige Prachtmeile Landshuter Allee erschien mir als Zerklüftung, als Verschandelung von ganz Neuhausen. Da aber meine örtliche Orientierung jenseits dieser Zone lag, ausgerichtet am Rotkreuzplatz, der Winthirstraße, der Wendl-Dietrich-Straße sowie der Donnersbergerstraße, hat mich diese städtebauliche Todsünde persönlich nicht weiter gestört. In diesem Sinne war ich seinerzeit sehr egozentrisch, obwohl ich mich doch als kritischer Stadt-Soziologe verstand und wahrscheinlich noch kurze Zeit davor in den Seminaren gegen jegliche Barbarei in der Städteplanung gewettert hatte.

Der Kenner der Topographie wird ohnehin bemerkt haben, wo der eigentliche Kern der lokalen Orientierung lag. Die Straßenführung zielt eindeutig auf den Hirschgarten. Während der Saison habe ich mich in dessen Biergarten – angeblich dem größten der Welt – sicherlich öfters aufgehalten als im Bärenwirt, wo ich mindestens viermal pro Woche einkehrte. Damals wurde man von einer gewissen Resi regelrecht bemuttert. Ob die wirklich Resi hieß? Wahrscheinlich ruht sie schon längst in ihrem verdienten Kellnerinnen- (eigentlich „Fräulein"-) Himmel. Den gönne ich ihr von Herzen.

Nachdem ich die Liebe meiner Freundin aus Augsburg endgültig erobert hatte, zog diese im Frühjahr 1974 in meine Junggesellenbude ein. Bereits im Mai heirateten wir, was viele der Freunde sehr verblüffte. Hatte doch der stets so kritische Bernhard Winterer immer wieder die bürgerliche Ehe als heuchlerische Institution entlarvt. Anlässlich der Eheschließung wurden in der Andréestraße viele rauschende Feste gefeiert; so rauschend, dass wiederholt auch die Polizei auf den Plan trat. Und die skeptischen Freunde haben natürlich kräftig mitgefeiert.

Obwohl also das Glück im Neuhauser Winkel perfekt schien – der junge Ehemann führte seine junge Frau selbstverständlich zu allen Stätten seiner Glückseligkeit (das ist natürlich jetzt ein wenig zu dick aufgetragen!) – war dann im Herbst Finis Neuhausen. Die inzwischen examinierte Lehrerein hatte bereits vor dem Kennenlernen den Entschluss gefasst, ihre ersten Berufserfahrungen in Berlin zu machen, weil dort die Arbeitsbedingungen besser und das ganze Schulsystem viel fortschrittlicher seien als im konservativen CSU-Bayern. An dieser vorrangigen Wertigkeit wollte sie nicht rütteln lassen. Und obwohl das Leben in Neuhausen auch der jungen Pädagogin sehr gut gefallen hat, wollte sie doch die Zukunftsprojektion „Berlin" nicht aufgeben. Was war also zu tun?

Wir sind mitten im Thema, gewissermaßen im Herzen dieses Buches.

Ich hatte in jener Zeit große berufliche Pläne in München, die mir sehr realistisch erschienen. Man macht sich ja immer gern Illusionen. Trotzdem halte ich auch heute noch daran fest, dass ich damals sehr gute Aussichten hatte, bei einem renommierten Sozialforschungsinstitut mit interessanten Perspektiven unterzukommen. – Außerdem schien sich auch eine politische Karriere aufzutun. Der ideologisch etwas ratlose Marxist hatte sich in die SPD eingeschlichen. Im Ortsverein Neuhausen gab der damalige Landesvorsitzende Volkmar Gabert den Ton an. Mit ihm habe ich manchen Strauß ausgefochten. Obwohl eher von bürgerlichem Habitus schätzte er offensichtlich mein Auftreten bzw. er ließ mich gewähren. (Ich dachte damals, die SPD hätte auf kritische Intellektuelle wie mich nur gewartet.) Eine andere Größe des Ortsvereins, eine bekannte Schriftstellerin, förderte meinen Größenwahn. „Aus dir machen wir ganz was Großes." Und bugsierte mich in die Rolle des bayerischen Kultusministers, mindestens. – *Tempi passati!*

Der politisch und geschlechtermäßig korrekte Mann folgte seiner Liebsten nach Berlin.

Na ja: Ich bewarb mich auf eine gerade ausgeschriebene Stelle an der TU Berlin als Assistent eines bekannten Bildungsforschers. Ich rechnete mir gute Chancen aus.

Und nun hieß es Abschied nehmen vom geliebten Neuhausen, vom geliebten München, von den geliebten Freunden. Nicht einmal zehn Monate später sind wir wieder da. Zehn Monate!? Hat es uns nicht gefallen in Berlin? Doch, doch, sehr gut sogar. Selbst an echte Münchner Weißwürste kam man heran im „Kaufhaus des Westens", der West-Berliner Angeber-Institution direkt an der Sektorengrenze, extra deswegen dort eingerichtet, um den Ostberlinern zu demonstrieren, wie sie denn darben mussten.

Wir eroberten uns die Kreuzberger Kneipen und Markthallen, die Berliner Programm-Kinos, aber auch Spandau und Charlottenburg, den Wannsee und den Grunewald und was nicht sonst alles. Auch das auf Westberliner Grund liegende Dörfchen Lübars gehörte dazu mit seinem Dorf-Krug, wo sich das Gefühl einstellte, man wäre in der Millionenstadt am Arsch der Welt.

Wie man sieht: es hat uns also gefallen in Berlin. So ganz nebenbei nahm man mit linker Hand kulturelle Highlights mit, wie ein Konzert von Mikis Theodorakis und Maria Farantouri. Von der legendären Aufführung von Maxim Gorkis „Sommergästen" in der Inszenierung von Peter Stein an der Berliner Schaubühne mit Edith Clever und Bruno Ganz gar nicht zu reden. Von dieser stilbildenden Aufführung schwärmt die Fachwelt noch heute.

Es hat uns also gefallen in Berlin. Nicht alles. Lächerlich fanden wir, dass uns dort ausgerechnet der Herbert aus Haunstetten und die Jutta aus Bopfingen immer wieder zu verstehen gaben, welch spießige Bayern wir doch wären. Aus Bopfingen!

Diese Irritation war ganz bestimmt nicht der Grund, warum wir uns trotz der insgesamt positiven Erfahrungen in Berlin entschlossen, den Mariannenplatz in Kreuzberg so schnell wieder zu verlassen. Es waren ganz pragmatische Gründe. Zum einen ist aus der Stelle an der TU Berlin doch nichts geworden und auch andere Berufsmöglichkeiten taten sich für mich nicht auf. Zwar habe ich in dieser berufslosen Zeit das Kochen erlernt und konnte so die durchaus dankbare Ehefrau verwöhnen, aber das war auf Dauer doch kein sinnvoller Lebensentwurf. Zum anderen erwies sich das Berliner Schulsystem bei weitem als nicht so fortschrittlich, wie es sich die Berufsanfängerin vorgestellt hatte. Ständige Schikanen seitens der Schulleitung und der Seminarlehrer machten ihr das Leben schwer. Außerdem stellte sich der Schulalltag im Problembezirk Neukölln als äußerst unbefriedigend heraus. Auf eine übergroße 1. Klasse mit fast ausnahmslos schwierigen Kindern hatte das Lehramtsstudium nicht vorbereitet.

Da ein dauerhafter Aufenthalt in Berlin ohnehin nicht geplant war, bewarb sich meine Frau beim Bayerischen Kultusministerium um die Aufnahme in den bayerischen Schuldienst. Leider wurde ihr eine Stelle als Lehramtsanwärterin nicht wie erhofft in München zugewiesen, sondern in ihrer Geburtsstadt Schongau. Eine Wohnung in der nahegelegenen Kreisstadt Weilheim war schnell gefunden. Weilheim hatte zwar den Vorteil einer sehr guten Zugverbindung nach München, andererseits musste die junge Lehrerin nun täglich mit dem neu erworbenen Auto in das 25 Kilometer entfernte Schongau pendeln.

Erneut also ein Leben in der Kleinstadt. Eine echte Déjà-vu-Erfahrung! Zwar spielte die soziale Kontrolle für uns Erwachsene nicht mehr die Rolle wie einst als Jugendliche. Obwohl: der Hausbesitzer, der in unserer Wohnung noch ein Büro hatte, erlaubte sich immer wieder Übergriffe. Aber dies war nicht das Problem.

Man erlebte eine regelrechte Retardierung ins kleinstädtische Milieu. Das heißt nicht, dass das Empfinden ausschließlich negativ gepolt war. Es gab in dem Städtchen sehr wohl auch positive Erlebnisse. Allein die Besuche in der Trattoria „Ferrara" bleiben unvergesslich. Signore Ferrara war ein vorzüglicher Koch; er wählte das Fleisch höchstpersönlich beim Metzger Maier aus, wo auch ich Stammkunde war. Aber ehrlich gesagt: ansonsten fällt mir nichts mehr ein, was ich dem Ort selbst gutschreiben könnte. Natürlich entwickelten sich auch in Weilheim neue soziale Kontakte, die sich in einigen Fällen zu richtigen Freundschaften aufbauten. Diese Kontakte entstanden über das Lehrerseminar. Aber auch da gab es wesentlich mehr Schatten als Licht. Die meisten der dort

Unterwiesenen wie auch die Kollegen aus den Schulen von Schongau und Peiting, wohin die Lehramtsanwärterin versetzt worden war, entpuppten sich als Vertreter provinzieller Enge und politischer Rückständigkeit. Am topographischen Umfeld hatte man mehr Freude. Mit dem Fahrrad wurden die Schönheiten des sogenannten Pfaffenwinkels erkundet. Häufiger Zielpunkt dieser Exkursionen war das Kloster Polling mit seinem Biergarten. Thomas Mann hat diesen Ort in seinem Roman *Doktor Faustus* verewigt als „Pfeifering". – Die schönen Ausflüge ins Umland waren freilich nur ein schwacher Trost. Denn: es gibt kein richtiges Leben im falschen. Kompensation suchten wir durch häufige Besuche in München bei den Freunden, auch unter der Woche. Ein ziemlich aufwendiges Verfahren, zumal die Vorbereitung auf die zweite Lehramtsprüfung sehr viel Zeit und Energie in Anspruch nahm.

Ich hatte nach einigen Monaten der Wartezeit wieder begonnen, an der Chemie-Schule zu unterrichten, was allerdings nicht meinem Wunsch entsprach. Aber das war eben eine jener Lebensentscheidungen, die immer wieder anstehen. Als Hausmann hatte ich mich nie verstanden, auch wenn ich gerne meine Kochlust auslebte, zur Freude meiner Liebsten und der Gäste. Die Freunde aus München tauchten zwar schon mal neugierig in Weilheim auf, aber für unseren Geschmack viel zu selten. Neben der Tätigkeit als Sozialkundelehrer versuchte ich zusammen mit einem Freund an eine Finanzierung für ein größeres Forschungsprojekt heranzukommen. Wir waren da guter Dinge, weil wir in dem bundesweit bekannten Politologen Kurt Sontheimer einen scheinbar einflussreichen Promoter an unserer Seite hatten, der bei der Stiftung Volkswagenwerk unseren Projektantrag als Antragsteller einreichte. (Es ging um neue Formen der Jugend-Protest-Kultur.) Das Projekt hätte unseren Lebensunterhalt über Jahre hinaus gesichert. (Man merkt schon an der Diktion: aus diesem Projekt wird nichts werden – mit erheblichen Konsequenzen für den weiteren Lebenslauf, auch für die ortsbezogenen Entscheidungen und die emotionalen örtlichen Bindungen.)

Kurz und gut bzw. schlecht und kurz. Es hielt uns nicht mehr an diesem vermaledeiten Ort. Jetzt übertreibst Du aber schon gewaltig, Bernhard Winterer! Aber meine Frau, die inzwischen hochschwanger war, bewarb sich um eine Stelle in München und wir suchten dort eine Wohnung. Beides gelang im Frühjahr 1978. Eine renovierte Altbauwohnung in der Auenstraße am Innenstadtrand in der Nähe der Isar, aber fußläufig zum Zentrum, sollte für die nächsten zwölf Jahre unser Lebensmittelpunkt sein. Beim Einzug hat es uns nicht weiter gestört bzw. es ist uns nicht aufgefallen, dass das Wohnzimmer an der lauten Durchgangsstraße zum Schlachthof lag und die Wohnung nur über eine winzige Duschkabine verfügte. Später wurde dies schon ziemlich lästig.

Jedenfalls waren wir wieder mal – auch was die Ortsbezogenheit anlangt – zufrieden. Nicht zuletzt deshalb, weil Eva in der 100 Meter entfernten Hauptschule eine Stelle bekam. Im Juli 1978 wurde unsere erste Tochter geboren, ein Faktum, das das Thema „emotionale Ortsbezogenheit" auf lange Zeit in den Hintergrund treten ließ, zumal sich eineinhalb Jahre später eine zweite Tochter einstellte. Was nun nicht heißt, diese Ortsbezogenheit hätte keine Rolle mehr gespielt. Sowohl gefühlsmäßig als auch ganz konkret spielte sie in unser Leben hinein, war aber doch nur eine Marginalie in unserem Seelenleben.

Das sah dann beispielsweise so aus: die treue Babysitterin war schnell erreichbar und ließ uns so Raum, die nähere Umgebung zu erkunden. Für weiterführende Gedanken und Gefühle im Zusammenhang mit dem Standort hatten wir schlichtweg keine Zeit und keine Energie. – Da gab es noch das „Ela", ein sehr einfaches, griechisches Lokal. Da hat noch die Mama gekocht. Aber wie! Das band einen denn doch noch an das Stadtquartier. (Wenigstens mich, Eva meint, sie wäre nie da gewesen.)

Aus Gründen, die nicht weiter diskussionswürdig sind, wohnen wir seit 1990 am nördlichen Stadtrand von München. Wie es mir dabei geht? Durchwachsen. Immerhin mag in diesem Zusammenhang Erwähnung finden, dass ich von 1990 bis zum Eintritt in den Ruhestand als Postbote beschäftigt war. Laut einem Ausbilder war ich auf diese Art der „König im Revier". Das war ich nicht. Aber ich habe interessante, wichtige Einsichten gewonnen und sehr viele Gefühle entwickelt während dieser Zeit. Es waren nicht die schlechtesten in meinem Leben.

Wenn ich frei wählen könnte, würde ich gerne in München-Neuhausen wohnen, am liebsten im alten Areal rund um den Rotkreuzplatz.

Oder vielleicht doch in Köln. Nein, BARCELONA.

Kapitel 2

Vorbemerkungen zu den Fallbeispielen

Die Menschen, die wir nun mit Hilfe von Interviews vorstellen, die sich selber vorstellen, sprechen im wahrsten Sinn des Wortes für sich. Wir werden ihre Beiträge zum Abschluss dieses Kapitels in keiner, wie immer gearteten Weise „auswerten", schon gar nicht nach den Regeln der empirischen Sozialforschung.

Wir können an dieser Stelle aber versprechen, dass das, worüber sie berichten, spannend genug sein wird. In allen Fällen könnte man einen Roman daraus machen. Die Länge der Niederschriften sagt weder etwas aus über die Auskunftsbereitschaft der Interviewten noch über die Interessantheit der jeweiligen Beiträge.

Wer sich dafür interessiert: Ich habe einen halbstandardisierten Fragenkatalog verwendet, der mehr oder minder gleichbleibend bei allen Interviews verwendet wurde. Die Interviews fanden fast alle in Münchner Cafés oder in meiner Wohnung statt. Sie wurden in einem sehr lockeren Stil und Ton durchgeführt. In einem Fall diente der Leitfaden gleichzeitig als Vehikel zum Kennenlernen. In einigen anderen zum „Wieder-Entdecken". Die Interviews dauerten durchschnittlich 45 Minuten, es gab aber etliche „Ausreißer" nach oben. Dies hing allerdings immer damit zusammen, dass ich zusammen mit dem Interview- bzw. Gesprächspartner den Fragenkatalog assoziativ benutzte. Auf Deutsch: Wir haben dann über alles Mögliche gequatscht.

Noch am selben Tag habe ich die Antworten transkribiert. Die Transkripte sollten die Form einer durchgehenden „Geschichte" annehmen. Um eine allzu enge Verquickung zu umgehen, wurde eine eher distanzierte Sprache benutzt. (In Ausnahmefällen wurde dieses Prinzip bewusst umgangen; und zwar in den Fällen, wo zwischen mir und dem „Probanden" eine besonders enge freundschaftliche Beziehung besteht.)

Es darf angemerkt werden, dass sehr viele von ihnen City-Hopping betrieben. Daraus mag man schließen, dass die emotionale Ortsverbundenheit nicht so verbreitet ist, wie sie früher gang und gäbe war. Das bis vor wenigen Jahrzehnten häufige Muster der Rückkehr nach dem Studium in die heimatliche Kleinstadt, um z.B. in die väterliche Anwaltspraxis einzusteigen oder als sozialer Aufsteiger zu Hause Karriere zu machen, ist kaum noch vorhanden. (Ein Klassenkamerad des Herausgebers am Gymnasium in Nördlingen, der als einer der ganz wenigen aus der Unterschicht stammte, kam nach dem Studium wieder zurück in die Heimatstadt und brachte es bis zum Notar.)

Die Auswahl entspricht selbstverständlich nicht den Standards der Repräsentativität. Es wurde allerdings darauf geachtet, dass die Profile der Befragten einigermaßen ausgeglichen waren. Die Interviewpartner werden in der Regel anonymisiert vorgestellt. Bei den Töchtern des Herausgebers wurde diese Regel nicht eingehalten, ebenso wenig bei der Ehefrau des 1. Vorsitzenden der Geschichtswerkstatt Neuhausen e. V. Hätte man diese Personen anonymisieren wollen, hätte man ihre Lebensumstände stark verzerren müssen. Auf Wunsch wurden in einem Fall ein anderer Vorname gewählt sowie die Initialen der Familie ausgetauscht.

Alexander E. (Jahrgang 1949)

Alexander wuchs in der alten Römerstadt Xanten am Niederrhein nahe der holländischen Grenze auf. Die Kleinstadt von circa 17.000 Einwohnern ist bekannt als Heimatstätte des berühmten Nibelungenhelden Siegfried.

Die Eltern von A. – auch so ein Heldenname – waren bei seiner Geburt 40 bzw. 38 Jahre alt. Geschwister hat A. nicht. Der Vater war von Beruf Stuckateur, die Mutter Hausfrau. Die Familie bewohnte ein Eigenheim. Beide Eltern stammten aus der Region. Die Integration im Quartier war für den Jungen problemlos. Es gab genügend Spielkameraden. Als Schüler und Jugendlicher spielte er im örtlichen Fußballverein.

Nach dem Besuch der Volksschule absolvierte A. eine Schreinerlehre. Zugleich besuchte er eine Abendschule, um die Mittlere Reife zu erlangen. Nachdem er einige Jahre als Schreiner gearbeitet hatte, zog es ihn im Alter von 21 Jahren nach München. Dort besuchte er eine Technikerschule und arbeitete danach kurz in diesem Beruf. Anschließend qualifizierte sich A. an der Fachhochschule München zum graduierten Bauingenieur. Seit dem Abschluss des Studiums war A. in verschiedenen Firmen als Bauingenieur tätig. Obwohl er bisweilen mit einem Wechsel nach Berlin oder Hamburg geliebäugelt hatte, blieben diese Ideen unverwirklicht. Er ist – wie auch seine zweite Ehefrau – sehr bodenständig.

Zu Besuchen in seiner ehemaligen Heimatstadt kommt es seit dem Tod der Eltern nur noch selten. Gelegentlich besucht A. noch die Verwandten seiner jung verstorbenen ersten Ehefrau, zu denen er ein sehr gutes Verhältnis hat.

Das Ehepaar besitzt eine Eigentumswohnung in Laim. Im Stadtviertel fühlt es sich gut eingebunden, die Angebote der Infrastruktur (Einkaufsmöglichkeiten, Verkehr, Ärzte usw.) werden als gut bis sehr gut eingestuft. Das Paar ist weitgereist – vor allem Südamerika war Ziel vieler dieser Reisen – und sprachgewandt und somit sowohl mobil als auch mental weltoffen.

Trotzdem kommt ein Ortswechsel für Alexander und seine Lebenspartnerin nicht ernsthaft in Betracht.

Anabel B. (Jahrgang 1990)

Anabel wuchs im Münchner Stadtteil Ramersdorf auf. Ihre Eltern waren bei ihrer Geburt 45 bzw. 30 Jahre alt. Der Vater ist von Beruf Soziologe. Er hatte in den letzten 15 Jahren seines Berufslebens an der Universität Augsburg eine Professur für Soziologie inne. Die Mutter ist Sozialpädagogin und übt diesen Beruf mit einer halben Stelle aus. A. hat noch einen zwei Jahre älteren Bruder und eine Schwester, die zehn Jahre jünger ist.

Die Familie bewohnt ein Eigenheim in Ramersdorf.

Dort verbrachte A. ihre Kindergarten- und Grundschulzeit, mit der sie ausnahmslos positive Erinnerungen verbindet. Es gab in der Nachbarschaft zahlreiche Spielkameraden. Während dieser Zeit kam sie kaum aus dem Viertel heraus. Mit acht Jahren begann sie systematisch mit dem Klarinettenspiel. (Sie ist die Tochter eines hochmusikalischen Elternpaares, das diese Liebhaberei halbprofessionell betreibt.) Dieses Hobby verfolgt sie auch heute noch mit Nachdruck. In der Pfarrgemeinde hat sie öffentliche Auftritte. Zwischenzeitlich hatte sie ein Studium der Musik erwogen, diesen Plan aber wieder verworfen, weil es im angestrebten Lehrerberuf keine Fächerverbindung mit ihrer anderen großen Leidenschaft, dem Sport, gibt.

A. besuchte ein Gymnasium im Stadtviertel. Eine besondere Mobilität hin zu anderen Stadtquartieren entwickelte sie nicht. Erst in der Oberstufe nahm sie verstärkt an den üblichen Freizeitvergnügungen ihrer Altersstufe (Disko, Kneipen etc.) teil.

Die elfte Klasse absolvierte sie in einem Austauschjahr in den USA. In einer Kleinstadt in Minnesota lebte sie in einer Pastorenfamilie, in der sie sich gut aufgehoben fühlte. – Sie kann sich sogar vorstellen, sich dauerhaft in den USA niederzulassen, falls es mit dem angestrebten Lehrerberuf nicht klappen sollte.

Als zweites Studienfach – neben Sport – entschied sie sich für Englisch. Seit Beginn des Studiums ist sie an der Universität Augsburg eingeschrieben. An der Uni selbst schätzt sie den Campus-Charakter und die damit verbundenen kurzen Wege.

Die Stadt Augsburg selbst gefällt ihr überhaupt nicht. Es ist ihr schlicht zu langweilig. Die langwierigen Straßenbauarbeiten zerstören in ihren Augen das Stadtbild. Trotzdem will sie ihr Studium wegen der guten Studienbedingungen in Augsburg fortsetzen.

Sie war im Übrigen auch deswegen nach Augsburg gegangen, weil ihr damaliger Freund ebenfalls einen Studienplatz dort hatte. Die beiden lebten zusammen in einem Studentenwohnheim im Augsburger Stadtteil Göggingen. Seit der Trennung des Paares wohnt A. weiterhin in diesem Heim. Sie plant aber mittelfristig einen Wechsel nach München und möchte dann an die Uni Augsburg pendeln.

Sie begründet diesen Wechsel-Wunsch damit, dass sie ohnehin 80 Prozent ihrer Zeit in München verbringe. Hier hat sie ihren Freundeskreis und auch zu ihrer Familie ist das Verhältnis sehr gut. Sie übernachtet sehr häufig in ihrem Jugendzimmer. Trotz des guten Kontaktes hätte sie gern eine eigene Wohnung in München; sie fühlt sich mit ihrer Heimatstadt verbunden. A. arbeitet neben dem Studium mit einer halben Stelle in einem hiesigen Klamottenladen. Die Einnahmen hieraus sollen die ortsübliche, hohe Miete finanzieren.

Insgesamt fühlt sich A. in München sehr wohl. Sie hat bereits viele große Städte in Europa, wie Dublin, Edinburgh, Paris, gesehen. Weitere Reisen sind geplant. All diese Städte findet sie sehr attraktiv, ein Leben dort möchte sie aber nicht führen, auch nicht in vergleichbaren Orten in Deutschland, wie etwa in Berlin. Einzige Ausnahme wäre – wie erwähnt – ein Aufenthalt in den USA. Dies ist aber wohl eine eher abstrakte Zielprojektion.

Insgesamt scheint Anabel eine hohe emotionale Ortsbezogenheit zu besitzen. Sie kann sich auf hohem Reflexionsniveau mit der damit verbundenen Problematik auseinandersetzen.

Nachtrag

Inzwischen ist A. wieder nach München in ihren alten Stadtteil gezogen, wo sie früher bei ihren Eltern gewohnt hatte.

Carolin W. (Jahrgang 1978)

Carolin wuchs im Glockenbachviertel am Innenstadtrand von München in der Nähe der Isar auf. Ihr Vater, ein Sozialwissenschaftler – der Herausgeber dieses Buches –, war zum Zeitpunkt ihrer Geburt 33 Jahre, ihre Mutter, eine Grund- und Hauptschullehrerin, 29 Jahre alt. Der Vater war im Alter von 15 Jahren nach München gekommen, die Mutter stammte ursprünglich aus der oberbayerischen Kleinstadt Schongau. Beide haben ein stark affektives Verhältnis zu München.

C. erlebte ihre früheste Kindheit rund um den Baldeplatz und in den nahegelegenen Isarauen. Spielgefährten im gleichen Alter gab es im Wohnquartier zunächst kaum. Ab dem vierten Lebensjahr besuchte sie einen Kindergarten in München-Oberföhring, der von einer Eltern-Initiative getragen wurde. (Die Eltern und die Mitarbeiter dieser Einrichtung hatten ambitionierte pädagogische und politische Ansprüche. Dafür nahmen sie einen hohen Zeit- und Energieaufwand in Kauf.) C. fühlte sich in dieser Einrichtung sehr wohl. Nach einem Jahr besuchte auch ihre jüngere Schwester das „Kinderhaus".

Emotionale Zugehörigkeit empfand das Vorschulkind auch in Schongau bei seinen Großeltern. Der liebevoll gepflegte Garten mit Obstbäumen, vielen Blumen, Hasen und Katzen war für die beiden Mädchen wie ein Paradies.

In der Grundschulzeit fand C. kontinuierlichen Kontakt zu Klassenkameraden und anderen Freundinnen. In den Wohnungen von Fritz und Michaela wurde sie auch von den jeweiligen Eltern freundlich aufgenommen; sie fühlte sich bei diesen Menschen beinahe heimisch. Den engsten Kontakt hatte sie zu einer Klassenkameradin, bei deren Familie sie sich auch sehr häufig aufhielt. Die Freundschaft zu jener Klassenkameradin hat bis heute Bestand. Sie sind enge Freundinnen geblieben. In der Retrospektive erlebt C. diese Zeit als durchgehend positiv.

Den Umzug 1990 in den Ortsteil Freimann am nördlichen Stadtrand von München empfand sie weniger belastend als ihre jüngere Schwester. Eine besondere emotionale Beziehung zum neuen Wohnquartier hat sie aber dort nicht aufgebaut, auch deswegen nicht, weil sich dort keine passenden Spielgefährten finden ließen. Dies war aber insofern unproblematisch, als C. nach dem Übertritt ins Gymnasium genügend andere soziale Beziehungen aufbauen konnte.

Als Jugendliche erweiterte sich altersentsprechend ihr Radius und damit auch die Möglichkeit, andere Stadtviertel kennenzulernen. Eine besondere Vorliebe war dabei nicht erkennbar.

Nach dem Abitur entschloss sich C. zu einer Ausbildung zur Physiotherapeutin. Im Jahr 1999 begann sie damit in Köln an der „Lehranstalt für Physiotherapie an der Universität zu Köln". Sie hatte in der Nähe der Ausbildungsstätte eine Wohnung gefunden, in einem angesagten Studentenviertel unweit der Uni mit entsprechenden Kneipen und den typischen Kölner „Büdchen" usw. Ihr gefiel dieses Angebot sehr und sie nutzte es gern. Sie erwarb sich gute Kenntnisse der verschiedenen Ortsteile von Köln, war mit der Kneipenlandschaft wohl vertraut und nutzte gelegentlich die kulturellen Angebote der Stadt. – Sie besuchte auch, allerdings selten, die attraktiven Nachbarstädte (wie etwa Bonn oder Aachen) und das Umland in der Eifel.

Nach Abschluss der Ausbildung im Jahr 2002 arbeitete C. in einer Praxis für Physiotherapie in Flamersheim, einem kleinen Dorf bei Euskirchen. Diese erste Berufserfahrung verschaffte ihr eine grundsätzliche emotionale Sicherheit, zumal sie auch im Kreis der Kollegen Anerkennung fand. Die dörfliche Idylle und deren Einbettung in die Landschaft bot der sehr naturverbundenen C. Gelegenheit, entsprechende Bedürfnisse zu befriedigen. (Die Naturverbundenheit teilte sie mit ihrem Freund. Beider Vorliebe galt dem bayerischen (Vor-)Alpenland; sie unternahmen aber auch mehrwöchige Wanderungen, z.B. in den Pyrenäen und den Karawanken und eine halbjährige Durchquerung großer Teile von Süd- und Mittelamerika. Letzteres auch mithilfe aller möglichen Verkehrsmittel.)

Als problematisch während der Kölner Zeit (und damit auch hinderlich beim Aufbau einer kontinuierlichen emotionalen Ortsbeziehung) erwies sich der Umstand, dass sie mit dem Freund eine Fernbeziehung führte. Der junge Mann, ebenfalls Physiotherapeut, arbeitete inzwischen in seinem Beruf in einer Unfallklinik in Murnau. Die beiden trafen sich im 2-Wochen-Rhythmus in Köln oder München bzw. Murnau. 2005 entschloss sich C., wieder in Richtung Süden umzusiedeln. Die Gründe hierfür waren eben dieser Freund sowie die generelle Verwurzelung in diesem Raum. Schließlich hatte sie da ihre engste soziale und emotionale Anbindung. Bei ihren herzlich geliebten Großeltern fand sie für einige Monate Unterschlupf in ihrer vertrauten „Jugendherberge". Ausschlaggebend für die Rückkehr war jedoch die Beziehung zum Freund, mit dem sie eine dauerhafte Zukunft aufbauen wollte. Im Jahr 2005 zog C. in dessen Junggesellen-Wohnung in Murnau ein. 2008 ging aus dieser Verbindung ein Sohn hervor.

Während der ersten Zeit in Murnau hatte C. mit dem Leben in einem kleinen Ort Schwierigkeiten („schrecklich"). Bis dato hatte sie ja immer in einer Großstadt gelebt (und dabei auch nichts vermisst). Die Menschen, die sie bis dahin in Murnau kennengelernt hatte (vor allem Nachbarn), erschienen ihr zumindest am Anfang oft bieder und provinziell, während die engen Freunde in München und die Tangobälle, auf denen sie leidenschaftlich gerne tanzte, nicht so schnell erreichbar waren. Dafür schätzte sie außerordentlich das Naturerleben in dieser wunderschönen Landschaft mit ihren Seen und Bergen. Allmählich stellte sich ein gewisser Integrationseffekt ein, sodass C. in der Rückschau ihren Aufenthalt in Murnau als Bereicherung empfindet.

Es gab allerdings zwischen dem Paar immer wieder kontroverse Debatten, wo man seinen künftigen dauerhaften Lebensmittelpunkt wählen wolle. Dabei präferierte die junge Frau anfangs München, während der Mann für den ländlichen Raum plädierte. Später kehrte sich dies mehrmals um. Er brachte sogar kurzzeitig einen Wohnsitz in den USA ins Gespräch, wo ihm die erhoffte Existenz als Selbstständiger leichter realisierbar schien als in Deutschland. Darauf wollte sich C. auf gar keinen Fall einlassen, und ihr Partner insistierte auch nicht weiter.

Im Jahr 2010 wurde ein zweiter Sohn geboren. Kurz zuvor war eine geräumigere Wohnung mit ansprechendem Garten im nahegelegenen Huglfing angemietet worden. Diese kleine, weit verzweigte Gemeinde von circa 2.000 Einwohnern bietet für manch Außenstehenden auf den ersten Blick wenig Attraktives. C. kennt sie aber inzwischen gut; sie weiß die Offenheit der – oft auch aus der Stadt zugezogenen – Huglfinger, die Naturnähe, ihre komfortable Wohnsituation und die Quellen für regionale Produkte sehr zu schätzen. Inzwischen betreiben zwei rührige junge Frauen im ehemaligen Bahnhofsgebäude ein Café mit herausragenden Kuchen (wovon ich besonders den Bienenstich empfehle). C. hat in Huglfing auch neue Freundschaften geschlossen, wobei die Anbahnung dieser freundschaftlichen Beziehungen meist über die Kinder lief. Auch der Kontakt zu den unmittelbaren Nachbarn trug zur besseren Integration in den Ort bei und damit auch zu einer stabilen emotionalen Anbindung. Wichtig ist in diesem Zusammenhang auch die Tatsache, dass beide Kinder betreuungsmäßig gut versorgt sind. Der Ältere besucht regelmäßig den Kindergarten; für den Jüngeren hat sich eine Tagesmutter gefunden, die ihn stundenweise betreut. So hat C. etwas Spielraum, um wieder Anschluss an ihren Beruf zu finden. (Sie arbeitet stundenweise in einer Praxis in einer nahegelegenen Gemeinde und nimmt regelmäßig an Fortbildungen teil.) Soweit der Betreuungsbedarf für ihre Kinder nicht durch Kindergarten und Tagesmutter abgedeckt ist, übernehmen die verschiedenen Großeltern das Babysitten.

Ein halbes Jahr nach der der Geburt des zweiten Sohnes trennte sich der Vater von seiner Familie. Er hatte sich in der Zwischenzeit einer Psycho-Sekte angeschlossen, von der er sich wohl auch beruflichen Erfolg versprach. Die Hinwendung zu dieser Gruppe führte zu schwerwiegenden Differenzen zwischen dem Paar. Der junge Vater wollte das gewohnte Familienleben wie gehabt weiterführen, gleichzeitig nach den Prinzipien der Sekte leben, die u. a. auf einem Verschnitt fernöstlicher Lehren beruhen. Darauf hatte sich seine Partnerin nicht eingelassen. Die Trennung stellte C. vor eine schwerwiegende, kaum lösbare Lebensentscheidung, die sie selbst und ihre Kinder betraf. Hier kam wieder das virulente Dilemma zwischen München und einem Leben auf dem Lande zum Tragen. (Es sei daran erinnert, dass sie für Letzteres durchaus ein Faible hat.) Einerseits waren sie und die Kinder ja inzwischen immer besser im Ort integriert; andererseits sprach für München, dass dort die Eltern sie bei der Betreuung der Kinder viel leichter unterstützen hätten können. Zudem hatte man ihr in jenem Kinderhaus in München-Oberföhring, das sie einst selbst besucht hatte, monatelang zwei Plätze freigehalten. Aber eine für sie finanzierbare, ansprechende Wohnung fand sich nicht.

Für München hätte freilich auch gesprochen, dass sie immer noch an der Stadt ihrer Kindheit und Jugend hängt. C. hat sich die Entscheidung nicht leicht gemacht. Die Trennungssituation, die ohnehin erhebliche Belastungen mit sich brachte, hat diese Entscheidung nicht gerade erleichtert. Irgendwann war ihr aber klar, dass sie in dieser Zeit, in der so viel Halt weggebrochen war, an der Stabilität, die ihr das vertraute und geschätzte Zuhause und die Arbeitsstelle mit den außerordentlich guten Bedingungen gab, festhalten musste, wenn sie sich nicht emotional völlig überfordern wollte.

Ich wünsche meiner lieben Tochter Carolin und meinen heiß geliebten Enkeln Leif und Lennard, dass dies die richtige Entscheidung war. Und ich wünsche den dreien, dass sich irgendwann einmal die rechte emotionale Ortsbezogenheit einstellt. Vielleicht in einem Haus mit freiem Blick auf den Staffelsee.

Carolin hat einen ganz engen Bezug zu ihrem jeweiligen Wohnort. Am deutlichsten hatte sie das demonstriert, als wir Eltern früher einmal auf die Schnapsidee gekommen waren, nach Maxlried zu ziehen. Die 11-Jährige hatte dieses Vorhaben mit vielen Tränen gekontert. Sie hat sich durchgesetzt. Gottlob!

Elisabeth W. (Jahrgang 1944)

Elisabeth ist im Herzen des Münchner Stadtviertels Neuhausen aufgewachsen. Die Eltern waren zum Zeitpunkt ihrer Geburt 33 bzw. 28 Jahre alt. Der Vater übte den Beruf des Schriftsetzers aus, und zwar beim renommierten Süddeutschen Verlag (dieser Beruf ist inzwischen ausgestorben; seinerzeit war er mit einigem Prestige und gutem Verdienst verbunden: Schriftsetzer waren gewissermaßen „geistige" Handwerker). Auch die Mutter hatte als Lohnbuchhalterin einen angesehenen Beruf. Nachdem noch zwei Söhne geboren wurden, blieb sie allerdings zu Hause und ging ganz in ihrer Rolle als Hausfrau und Mutter auf. – Beide Eltern stammten aus der Region.

Für die beiden Brüder, die zwei bzw. acht Jahre jünger waren, stellte E. eine selbstverständliche Autorität dar, was dem jungen Mädchen mit zunehmendem Alter auf Grund der ihr von der Mutter zugewiesenen Aufgabe als Aufsichtsperson nicht immer gefallen hat. E. hatte das Glück, alle vier Großeltern noch bei guter Gesundheit und aktiv zu erleben.

Die Familie lebte in einer Wohnung in München-Neuhausen in einem für das Stadtviertel typischen Genossenschaftsbau. Dies bedeutete auch, dass es im unmittelbaren Wohnumfeld genügend Spielkameraden gab.

Die ersten sechs Volksschulklassen absolvierte E. an der Hirschbergschule, die auch heute noch die größte Neuhauser Schule ist. Anschließend wechselte sie an eine Realschule in München-Pasing; in Neuhausen gab es zu jener Zeit noch keine entsprechende Bildungseinrichtung. Die Eltern überließen der 12-Jährigen bei der Auswahl der Schule freie Hand, was in den 50er Jahren eine seltene Ausnahme war, besonders bei einem Mädchen. Generell war das Erziehungsklima in der Familie tolerant und liberal. In einem Punkt allerdings wurde die junge E. ganz rigoros im Stil traditioneller Rollenvorgaben erzogen: die Mutter überwachte streng die Praxis des Ausgehens bei der Tochter. Freilich durfte sie einen Tanzkurs besuchen und auch ohne elterliche Begleitung an Faschingsbällen teilnehmen.

Nach Abschluss der Realschule begann E. eine Lehre als Lohnbuchhalterin. Nach der Lehrzeit war sie bis zu ihrem Eintritt in den Ruhestand im Jahre 2004 ununterbrochen in diesem Beruf tätig. Ihr ganzes Berufsleben verbrachte sie bei einer Firma in Neuhausen. So blieb der enge Bezug zum Stadtviertel, den sie in ihrer Kindheit und Jugend aufgebaut hatte, bestehen. Wichtiger für die „Anhänglichkeit" (so ihre Ausdrucksweise) an das Stadtquartier war die Bindung an die Familie und den Freundeskreis aus der Pfarrgemeinde. Diese Bindung blieb auch dann noch außerordentlich stabil, als sie sich zusammen mit ihrem Mann eine Wohnung im Münchner Süden genommen hatte. In dieser Wohnung lebt sie seit 44 Jahren, genauso lange, wie sie verheiratet ist. Und lebt inzwischen gern in diesem Ortsteil. Sie ist mit der allgemeinen Infrastruktur dort sehr zufrieden, ebenso mit der sozialen Anbindung.

Die Loslösung von Neuhausen fiel E. leicht und schwer zugleich. Bis zu ihrer Eheschließung im Alter von 25 Jahren lebte E. noch zusammen mit ihren Eltern und Brüdern in der Genossenschaftswohnung in der Renatastraße.

Es sei daran erinnert, dass zu jener Zeit noch der sogenannte Kuppelei-Paragraph galt, der es jungen Paaren verbot, ohne Trauschein in einer gemeinsamen Wohnung zu leben. Und so spülte es das junge Paar aus Neuhausen fort – die enge Bindung ans Quartier war bei dem jungen Mann mindestens genauso groß – in die nächstbeste Wohnung.

Großen Anteil an der tiefen emotionalen Verwurzelung in Neuhausen hatte ihre Teilhabe an der katholischen Jugendbewegung. Dabei spielte die religiöse Einbindung nur eine nebensächliche Rolle, wichtiger war ihr das gesellige Zusammensein mit anderen jungen Menschen, nicht zuletzt mit männlichen Jugendlichen. Auch ihren späteren Mann hatte sie in dieser Jugendgruppe kennengelernt. „Gefunkt" hat es zwischen den beiden allerdings nicht gleich; zunächst stand die Verbundenheit mit der Clique im Vordergrund, die gemeinsamen Fahrten ins Blaue. Besonders favorisierte E. das in der Gruppe gepflegte Theaterspiel. (Man unterhielt das amüsierte Publikum mit Stücken von Ludwig Thoma und mit Krimis.) Zu vielen Menschen, die sie in der katholischen Jugendbewegung kennenlernte, hat sie auch heute noch ein enges freundschaftliches Verhältnis.

Neben der erwähnten objektiven Notwendigkeit, außerhalb des vertrauten Umkreises eine Wohnung zu suchen, gab es noch einen subjektiven

Grund, weshalb sich E. aus Neuhausen vertreiben ließ. Die engen Kontakte im Genossenschaftsbau, durchaus zunächst als angenehm empfunden, erlebte das junge Mädchen und dann die junge Frau zunehmend als belastend. Der Soziologe würde von einem Überhang an sozialer Kontrolle sprechen. Elisabeth W. hatte einfach von Klatsch und Tratsch die Nase voll.

E. ist sehr eng verwoben mit dem Leben ihrer beiden Stadtteile. Dabei ist sie durchaus sehr aufgeschlossen für andere Orte. Sie verreist viel und gern, auch in andere Erdteile. Besonders die Karibik hat es ihr angetan. Sie möchte aber keinesfalls an einem dieser reizvollen Orte leben.

Elisabeth hat die seltene Gabe, zwei Orte gleich intensiv zu lieben.

Fritz B. (Jahrgang 1945)

Fritz wurde in der Allgäuer Wintersport-Gemeinde Oberstdorf als jüngstes von fünf Geschwistern geboren, die alle wesentlich älter waren als er. Der Vater war zum Zeitpunkt der Geburt von F. 50 Jahre alt, die Mutter 38. Der aus dem Rheinland zugezogene Vater bezeichnete sich selbst als „freischaffenden" Kaufmann. Früher war er in verschiedenen Berufsfeldern tätig gewesen; u.a. hatte er als Gutsverwalter fungiert. Die Mutter, die aus der Region stammte, hatte aus einer früheren Ehe eine gut gehende Metzgerei übernommen, die sie als eigenständige Betriebsleiterin führte. Dieses Geschäft bescherte der Familie am Ort hohes Ansehen und ein gutes Auskommen. (Man konnte sich zwei Villen leisten.) Später war die Mutter auch in der Modebranche aktiv.

Zum Vater ist noch anzumerken, dass er sich in Oberstdorf als rühriger Kulturreferent hervortat. Letztlich war es ihm zu verdanken, dass die kleine Gemeinde ihre Oberrealschule behalten konnte, dies in einer Zeit, als wesentlich größere Gemeinden noch über keine weiterführenden Schulen verfügten.

Kultur hatte in der Familie einen hohen Stellenwert. Alle Kinder bekamen Musikunterricht. Für F. ist die Musik auch heute noch Lebenselixier. Er betreibt sie auch in fortgeschrittenem Alter zusammen mit seiner Frau und anderen Gleichgesinnten quasi semi-professionell.

Zum erweiterten Familienkreis gehörten auch drei Onkel, die für den kleinen Jungen wohl gelittene Autoritäten waren. – In unmittelbarer Nachbarschaft gab es ausreichend viele Spielkameraden. Als Jugendlicher trat F. bei Veranstaltungen der katholischen Jugendgruppe öffentlich auf. Mit 15 Jahren hatte er bereits seine erste Band gegründet. Die Wintersportmöglichkeiten der Region nutzte er ausgiebig.

Fragt man F. zu seinem damaligen und heutigen Verhältnis zu seinem Heimatort, so zeichnet er ein überwiegend positives Bild, ohne deshalb in Euphorie zu verfallen. Wenn er in einer überregionalen Zeitung etwas über Oberstdorf entdeckt, geht ihm nicht gleich das Herz auf. Es freut ihn aber schon, wenn ein einheimischer Skispringer bei einer Meisterschaft erfolgreich war.

In diesem Zusammenhang darf angemerkt werden, dass die emotionale Ortsverbundenheit zur Heimatgemeinde vielleicht doch wesentlich stärker ist, als F. es sich selbst eingesteht. Schließlich plant er ernsthaft, sich auf wissenschaftlicher Basis mit dem Oberstdorfer Folklorebrauch des „Klausen-Treibens" auseinanderzusetzen, einem Brauch, der in dem Fremdenverkehrsort jährlich viele Touristen anzieht.

Zum Studium zog es ihn nach München. Zur Landeshauptstadt bestand in der Familie eine starke Affinität. Ihr galten regelmäßige Besuche. F., der zwischen verschiedenen Studienfächern (Philosophie, Germanistik) schwankte, schrieb sich zunächst für Jura ein. Ein Druck oder gar Zwang von Seiten der Eltern, sich für einen „Brotberuf" zu entscheiden, bestand nicht. Mit der Jurisprudenz konnte er sich allerdings nicht anfreunden und wechselte eher zufällig zur Soziologie.

Gewohnt hat F. mehrere Semester in einem Studentenheim, später dann zusammen mit seiner Schwester in einem Appartement; am Ende des Studiums lebte er mit seiner damaligen Freundin in einer Mietwohnung. Die Freizeitangebote Münchens hat F. zwar gerne genutzt, allerdings stand bei ihm immer das Musik-Machen im Mittelpunkt seiner Aktivitäten und Emotionen. Das Studium der Soziologie betrieb er mit Eifer, wenn auch auf unkonventionelle Weise. Bereits früh stieg er als wissenschaftlicher Mitarbeiter bei einem freien Sozialforschungsinstitut ein. Diesem Institut (es bearbeitet vor allem die Felder der Betriebs- und Industriesoziologie sowie der Arbeitssoziologie, dem späteren Schwerpunkt von F. im professionellen Bereich) blieb er auch nach Abschluss des Studiums treu. Bis heute. Über Jahrzehnte hinweg war er dort als Mitarbeiter, Projektleiter und auch in der Leitung des Instituts tätig. Zugleich betrieb F. erfolgreich eine akademische Karriere. An der Universität Augsburg war er bis zum Eintritt in den Ruhestand Professor für Soziologie.

Seit dem Jahr 1988 ist F. mit einer Sozialpädagogin verheiratet. Das Paar hat drei Kinder, von denen die beiden älteren bereits erwachsen sind. Die jüngste Tochter ist erst zwölf Jahre alt. Die Familie bewohnt ein Eigenheim im Münchner Stadtteil Ramersdorf. Obwohl F. mit diesem Wohnumfeld (soziale Anbindung, Infrastruktur) und dem Stadtviertel generell zufrieden ist, lässt sich keine besondere emotionale Verbundenheit zum unmittelbaren Wohnumfeld feststellen.

Zu Gesamt-München hat F. nach seinen eigenen Worten ein distanziertes Verhältnis. Negative Empfindungen hat er zwar nicht, aber er fühlt sich in München als „Außenseiter", als „Fremder". Es mag allerdings sein, dass diese Distanziertheit weniger dem Wohnort gilt, als vielmehr einem allgemeinen Lebensgefühl entspricht.

Einen Ort, an dem er unter bestimmten Umständen leben möchte, kann oder will er nicht benennen. Sein Traumort wäre der Zirkus gewesen. Irgendwo in Niederbayern steht ein Zirkuswagen, der ihm gehört. Diese Träume wurden allerdings nicht realisiert. Ich bedauere das sehr. Aus meinem Freund Fritz wäre ein grandioser Zirkusdirektor geworden. Immer hätte ich ihm zugejubelt.

Inzwischen versucht der gereifte Musikus, der stets seine Zuhörer zu bezaubern wusste, auf Kindergeburtstagen auch die nachrückende Generation mit Zauber-Kunststückchen zu begeistern.

Gudrun B. (Jahrgang 1947)

Gudrun wurde in München geboren. Ihre Eltern galten zu der Zeit als sehr späte Eltern, denn die Mutter war bereits 42 Jahre alt und der Vater 45. G.s älterer Bruder kam ein Jahr früher, 1946, gleich zu Beginn der kargen Nachkriegszeit zur Welt. Der Vater arbeitete als Auto-Schmiedemeister in einer großen Firma, die Mutter versorgte das Haus, dann auch die beiden Kinder und verdiente ein kleines Zubrot als Schneiderin für wohlhabende Damen der Stadt. Vater und Mutter stammten aus Niederbayern in der Nähe von Simbach und zogen nach ihrer Hochzeit 1930 in die Landeshauptstadt. Ihre Großeltern hat G. nie kennengelernt, sie waren schon tot, andere Verwandte spielten keine große Rolle.

Die Familie lebte in Johanneskirchen, in der 1934 gebauten und nach seinem Initiator benannten „Zahnbrecher"-Siedlung am äußersten Nordostrand von München. Es gab viele gleichaltrige Spielkameraden. Zur Grundschule in Englschalking ging es zu Fuß (2 km), im Winter war das für jüngere Schulkinder sehr mühsam. Das Gymnasium „Zu unserer lieben Frau am Anger" in der Blumenstraße besuchte sie bis zum Abitur 1967. In ihrer Freizeit war sie viel mit Freunden unterwegs, im Sommer beim Bergsteigen und im Winter beim Skifahren. Abends ging's nach Schwabing, wo es damals viele romantische Tanzlokale und einige wildere gab, z.B. das „Big Apple", das dem damaligen Ge-schmack der Jugend voll entsprach. Man kam an einem Abend mit nur einer Cola-Whisky ganz gut hin, mehr brauchte man nicht. Drogen kamen gerade auf (1965), waren aber für die meisten uninteressant. Nach der Schule stieg G. in die Vorbereitung ihres Traumberufs Lehre-rin ein und begann 1967 das Pädagogikstudium für Volksschullehrer an der sogenannten PH in München-Pasing.

Nach dem Abschluss 1970 begann das Leben auf dem Land im wun-derschönen Bayerischen Wald, in Gotteszell nahe Deggendorf als Lehr-amtsanwärterin in einer Volksschule mit je zwei Grundschulklassen und einer Hauptschulklasse. G. unterrichtete eine 1. Klasse. Da ging's noch gemütlich zu: G. war die „Frau Lehrerin" und die Kinder und Eltern hatten noch Respekt vor Amt und Person. Die Wochenenden fuhr G. zuerst mit dem Zug, später mit dem eigenen ersparten Fiat-Sportcoupé heim zu Familie und Freunden.

Nach der zweiten Staatsprüfung 1973 heiratete G. und zog zu ihrem Mann nach München-Moosach. Sie bekam eine Planstelle als Grundschullehrerin in Englschalking (dort, wo sie als Schulkind selbst die Schulbank gedrückt hatte) und fing mit einer 1. Klasse an. Ein Jahr später wurde nach langer Suche ein Häuschen in Trudering gefunden und gekauft und eine Familie gegründet. Die drei Söhne wuchsen dort auf, sind inzwischen erwachsen und besuchen oft die Eltern im alten Heim.

Diesen Wohnsitz will Gudrun auch in Zukunft behalten, gerade nachdem sie schon einige Zeit in Rente ist und den Garten mehr als früher genießen kann. Auf Reisen denkt sie manchmal: Am schönsten ist's daheim in meiner Heimatstadt München.

Helmut H. (Jahrgang 1943)

Helmut ist in der oberbayerischen Kleinstadt Schongau geboren. Er verbrachte dort die ersten 19 Jahre seines Lebens. Die Eltern waren zum Zeitpunkt seiner Geburt 30 bzw. 29 Jahre alt. Der Vater – ein gelernter Käser – arbeitete damals im örtlichen Butterwerk unter äußerst schwierigen Bedingungen. Später arbeitete er zeitweise auf dem Bau. Die letzten 13 Jahre seines Berufslebens gestalteten sich für ihn erfreulicher; er war als Chauffeur bei einer größeren Schongauer Firma beschäftigt. So konnte er seine Liebhaberei – das Autofahren – mit seinem Beruf verbinden.

Die Mutter war Hausfrau, besserte aber das bescheidene Einkommen des Mannes zuerst durch gelegentliche Heimarbeit auf, später durch Vermietung von Zimmern an Untermieter (seinerzeit noch „Zimmerherren" genannt) und an Feriengäste aus „Preußen" (v. a. Ruhrgebiet und Niedersachsen). Zudem wurde der große heimische Garten zur intensiven Zucht von Obst und Gemüse genutzt. Auch Kleintiere wie Hühner, Enten und Gänse, anfangs auch größere wie Schweine, wurden für den Eigenbedarf gehalten. Man kann nicht sagen, dass der Lebensstil von materieller Not geprägt gewesen wäre, von den Jahren 1949 bis circa 1952 einmal abgesehen, trotzdem musste sehr sparsam gewirtschaftet werden. Ab den 60er Jahren – also mit Übernahme des Chauffeur-Jobs – konnte man sich kurze Urlaube mit dem eigenen Auto am Gardasee, in Südtirol, später dann an der Adriaküste leisten.

Die frühkindlichen Jahre von H. waren durch die Abwesenheit des Vaters geprägt. Als Soldat ab 1943 in Italien und dann in englischer Kriegsgefangenschaft in Ägypten bis 1948 konnte er (wie so viele Väter in seiner Generation) zu seinem Sohn erst spät eine engere Beziehung aufbauen, die dann von vielen Schwierigkeiten geprägt war. Die darin wurzelnde Entfremdung führte zu nachhaltigen Spannungen zwischen den beiden bis in spätere Lebensphasen hinein.

Im Jahr 1949 wurde die Schwester geboren. Im gleichen Jahr begann die Familie in Eigenarbeit auf einem Gelände, weitab vom Ortskern ein Haus zu bauen, das im Herbst bezogen wurde. Das Grundstück wurde von Verwandten zur Verfügung gestellt, die dafür häufige Mithilfe in der zu dieser Zeit nicht mechanisierten Landwirtschaft einforderten.

H., aus „bildungsferner" Schicht stammend, war ein exzellenter Schüler und schaffte problemlos den Übergang in die „Mittelschule" und deren Abschluss, der ihm das Tor zum weiteren Bildungsaufstieg öffnete. Dieser formale Bildungsabschluss ermöglichte H. eine Lehre als Bankkaufmann bei der Kreissparkasse Schongau.

Wegen der etwas entfernten Lage des Elternhauses von der Altstadt gab es für den Jungen nur wenige Spielkameraden und Freunde vor Ort. Seinen engen Freund Willi verlor er schließlich nach der 4. Volksschulklasse, als dieser ins Gymnasium Weilheim übertrat und Fahrschüler wurde. Als Jugendlicher war H. aktives Mitglied in der katholischen Jugend.

Von einem Kollegen in der Bank, der später sein Freund werden sollte, wurde H. animiert, den zweiten Bildungsweg anzusteuern. Und so trat er im Oktober 1962 in das München-Kolleg ein, das er im März 1965 mit dem Abitur abschloss. Seit Beginn des München-Aufenthalts nutzte H. zunehmend die kulturellen Angebote; insbesondere Konzerte und danach auch die Oper hatten es ihm angetan. Auf diesem Gebiet verstand er sich auch als Wegbereiter für die jüngere Schwester, zu der er schon immer eine fürsorgliche Beziehung hatte. Indem er sie v.a. während seines anschließenden Studiums zu den damaligen Superstars der Oper, Erika Köth, Hermann Prey und Fritz Wunderlich, mitnahm, aber auch zu anderen kulturellen Großereignissen wie etwa Symphoniekonzerten mit berühmten Orchestern und Dirigenten wie z.B. Otto Klemperer, sowie zu Festen und Partys, legte er bei ihr den Grundstein für die stabile emotionale Beziehung zu München, die er durch diese „Patendienste" auch bei sich selbst weiterentwickelte.

Im Anschluss an das München-Kolleg studierte H. an der LMU München Soziologie. Nach dem Examen war er nach anfänglicher Lehrtätigkeit an einer Privatschule ab 1976 bis zu seinem Ausscheiden aus dem Berufsleben (Ende 2005) wissenschaftlicher Mitarbeiter am Deutschen Jugendinstitut in München, der größten Forschungseinrichtung am Ort (circa 200 Mitarbeiter 2005), welche überwiegend aus Bundesmitteln und Mitteln der Forschungsförderung finanziert wird.

H. ist mit einer Ärztin (die auch Diplomsoziologin ist) verheiratet. Der Verbindung entstammen zwei Töchter (geboren 1990 bzw.1998). Diese sind also in einem Alter, in dem sie noch auf die materielle Fürsorge der Eltern angewiesen sind (teilweise wegen eines noch laufenden Studiums); zudem schränken sie deren räumliche Mobilität ein.

Vor der Geburt der Kinder hatte das Paar bis 1990 in verschiedenen Münchner Stadtteilen (Schwabing und Lerchenau) gewohnt. Danach siedelte es in die Provinzstadt Kaufbeuren (circa 40.000 Einwohner) um. Die Ehefrau hatte am dortigen Bezirkskrankenhaus eine Ausbildungsstelle zur Fachärztin erhalten.

H. pendelte ab 1990 täglich mit dem Zug zwischen Kaufbeuren und München, ein im Verlauf einer längeren Zeit zunehmend als lästig empfundener Umstand, den er allerdings für intensives Lesen und das Erlernen von zwei slawischen Sprachen nutzte. Die allgemeine Unzufriedenheit mit dem Leben in dem „Provinzkaff" machte sich in dem immer drängenderen Wunsch bemerkbar, wieder nach München zurückzukehren.

Der Wunsch ließ sich jedoch nicht realisieren, da die Ehefrau fest an ihren Arbeitsplatz gebunden war (und immer noch ist). Ein weiterer Hinderungsgrund für einen Wegzug aus Kaufbeuren war lange der Wunsch der Kinder, in der vertrauten Umgebung zu bleiben. – Gravierender in diesem Zusammenhang schlug zu Buche, dass ab Herbst 2006 H.s höchstbetagte Eltern in wachsendem Maß nicht mehr in der Lage waren – anfangs vor allem körperlich –, ihren Alltag und ihre Geschäfte selbst zu regeln. Dies machte die regelmäßige Anwesenheit des Sohnes im elterlichen Haushalt in Schongau erforderlich, was vom relativ nahen Kaufbeuren aus eher möglich war. Geschweige denn von Berlin. Dorthin hat H. inzwischen sein Interesse verlagert. Das Interesse an München und an der lange Zeit angestrebten Rückkehr dorthin war in den letzten Berufsjahren merklich schwächer geworden. „Und München hat seit 2006 ausgespielt." Diese Formulierung veranlasste meinen Freund H. zu heftigem Protest: München schätze er weiterhin, und wenn es ihm zeitlich irgendwie möglich sei, nutze er weiterhin Münchens kulturelle Angebote, vor allem die musikalischen, aber auch Ausstellungen und politische Diskussionsveranstaltungen, auch z. B. die Angebote in Fremdsprachen, ... aber all dies sei kein Vergleich zu Berlins Fülle von spannenden Veranstaltungen aller Art.

Die Eltern sind inzwischen verstorben (2011 und 2013), gleichwohl bleibt der hauptsächliche Hinderungsgrund für einen Umzug nach Berlin bestehen. Solange die Frau beim Bezirkskrankenhaus in Lohn und Brot steht – also voraussichtlich bis 2018. Bis dahin ist eine Umsiedlung nach Berlin praktisch ausgeschlossen. Im Jahr 2018 wird Helmut H. 75 Jahre alt sein.

Wait and see (and act), wie er das dann regeln wird mit seiner emotionalen Ortsbezogenheit … Aber vielleicht bleibt Helmut ja weiter in Kaufbeuren – was wir ihm natürlich nicht wünschen.

Herbert M. (Jahrgang 1941)

Herbert wuchs als jüngstes von neun Geschwistern in der württembergischen Kleinstadt Bad Boll auf. Diese wurde deutschlandweit als Sitz der ersten Evangelischen Akademie bekannt (Gründungsjahr 1946).

Der Vater war zum Zeitpunkt seiner Geburt 47 Jahre alt (er verunglückte 1957 bei einem Verkehrsunfall tödlich), die Mutter 43 Jahre. Der Vater war von Beruf Landwirt. Er arbeitete zunächst als Verwalter, später als Gutspächter auf einem Landgut der Akademie, das auf Tierhaltung spezialisiert war. Die Mutter, eine Hauswirtschaftslehrerin, bildete nach der Eheschließung auf dem Gutshof Lehrlinge aus, die dann im Haushalt beschäftigt wurden. Beide Eltern stammten aus dem Schwäbischen. Die Wohnverhältnisse waren großzügig bemessen; die vielköpfige Familie lebte in einem größeren Bauernhof auf dem Grund des Gutes. Mit im Haus lebten auch die Tagelöhner. Nach dem Krieg kam es darüber hinaus zur Einquartierung von Flüchtlingen. Zum gesamten Haushalt zählten bis zu 20 Personen. Die materielle Situation war auskömmlich, aber bescheiden. Allerdings litt die Familie auch während des Kriegs und danach unter Mangelernährung oder gar Hunger. Die intensive Subsistenzwirtschaft von Schweinen, Hühnern und anderen Nutztieren ermöglichte eine gesicherte Existenz. Trotz der abseitigen Lage des Gutes hatte H. allein schon in seinen vielen Geschwistern ausreichend Spielkameraden, es kamen aber auch ständig andere Kinder auf den Hof.

H. war mit der näheren Region sehr gut vertraut. Mit den Geschwistern unternahm er zahlreiche Fahrradausflüge in die nahe gelegene Schwäbische Alb. Städtischer Orientierungspunkt war die Kreisstadt Göppingen, wo er auch das Gymnasium absolvierte. In der Landeshauptstadt Stuttgart lebte ein enger Freund. Deshalb gab es auch hier regelmäßig Kontakte. Als Liebhaberei entdeckte H. die Malerei.

In der Retrospektive beurteilt er sein Leben in Bad Boll als sehr positiv. Er fühlte sich dort fest verwurzelt. Auch nach dem Tod der Eltern hielt er regelmäßig Kontakt: ein Bruder hatte den Hof übernommen. Liest H. in einer überregionalen Zeitung über ein Ereignis aus seiner Heimatgemeinde, so hat er auch heute noch sehr positive Empfindungen.

Nach dem Abitur unternahm er zusammen mit seinem zehn Jahre älteren Bruder eine mehrmonatige Reise quer durch Österreich. Diese Reise war keine Fahrt ins Blaue. Der Bruder wandelte auf den Spuren eines populären Naturapostels, von dem auch H. beeindruckt war. Vor dieser Exkursion hatte sich H. an der LMU für ein *Studium generale* eingeschrieben, weil er sich nicht für ein bestimmtes Studienfach entscheiden konnte.

Es sollte eine dreivierteljährige spanische Episode folgen. Sei es aus Abenteuerlust, Eskapismus oder im Zuge einer Selbsterfahrung zog es H. nach Spanien. Er selbst meint, alle drei Elemente seien im Spiel gewesen. (Der erwähnte Bruder hatte einen solchen Aufenthalt hinter sich. Er war also auch in diesem Punkt Vor-Bild.) Es sei daran erinnert, dass dieser Spanien-Trip Anfang der 60er Jahre stattfand, also vor der Zeit, als sich dort der Tourismus etablierte, und noch lange bevor Aussteiger ins Land kamen. Während der ganzen Zeit hielt sich H. in Granada auf. Seinen Lebensunterhalt verdiente der junge Mann als Deutschlehrer an einer Schule, obwohl er zu dieser Zeit kaum über spanische Sprachkenntnisse verfügte (was sich bald ändern sollte). Von der Stadt Granada selbst war H. schwer beeindruckt. Die Sierra Nevada, die Alhambra, die Märkte und das sonstige bunte Treiben: nach seinen eigenen Worten tat sich für ihn eine neue Welt auf. „Wunderbar" waren für ihn die Erfahrungen, die er in Granada gemacht hat.

Trotzdem orientierte er sich wieder nach Deutschland zurück. Sei es auf Grund des sanften Druckes der älteren Geschwister und der Mutter, die ansonsten ein sehr toleranter Mensch war (sie hatte ihm auch bei der Spanienreise keine Steine in den Weg gelegt, was um jene Zeit nicht selbstverständlich war), sei es aus intrinsischer Motivation heraus. H. entschied sich für eine bürgerliche Existenz und nahm ein Studium der Germanistik und Romanistik an der Universität München auf.

Nach dem ersten Lehramtsexamen folgte die Referendarzeit in Weiden in der Oberpfalz, ein Aufenthalt, den er nur als ätzend, die Stadt selbst als muffig empfand. Dies hängt sicherlich damit zusammen, dass er zu jener Zeit eine Studentin kennengelernt hatte, die er einige Jahre später auch heiratete. Aus dieser Verbindung gingen drei Töchter hervor.

Während des Studiums verbrachte H. zwei Auslandssemester in Paris. Damals waren solche Auslands-Studien von den Heimat-Universitäten zwar erwünscht, aber noch keineswegs obligatorisch. Auch Paris erlebt er als nachhaltige Horizonterweiterung.

Nach dem zweiten Staatsexamen arbeitete H. sieben Jahre lang an einem Gymnasium in Pfaffenhofen an der Ilm. Die ganze Zeit pendelte er zwischen diesem Ort und München. Es folgten zwei Jahre als Hausmann, nicht ganz freiwillig. Die Ehefrau – inzwischen selbst Gymnasiallehrerin im sprachlichen Bereich – konnte ihren Schuldienst nicht familienfreundlich organisieren. Nach dieser Phase bewarb sich H. bei einem Münchner Gymnasium, an dem er bis zu seinem Eintritt in den Ruhestand arbeitete.

Die Familie lebte in einer geräumigen Altbauwohnung im Stadtteil Haidhausen, zeitweise in Form einer WG. Zum Stadtteil selbst haben er und seine Frau eine tiefe Verbundenheit aufgebaut. Sowohl die allgemeine wie die soziale Infrastruktur und generell das Lokalkolorit entsprachen vollständig ihren Bedürfnissen und Interessen. Dies hat sich nach dem Umzug in eine kleinere Wohnung nicht geändert.

Gleichwohl gab es auch Überlegungen, sich auf dem Land niederzulassen. Es bestand durchaus die Sehnsucht nach einer solchen Lebensform. In diesem Zusammenhang spielte auch die Suche nach einer adäquaten Lebensform für die Kinder eine Rolle. Letztlich entschied man sich für die Großstadt. Quasi als Kompromiss mietete man sich in einem Dorf im Allgäu bei einem Bauern ein. Diese Wohnung wurde über viele Jahre hinweg als Wochenend-Domizil genutzt. Die Entscheidung für München bzw. Haidhausen hat H. (und mit ihm seine Familie) aber niemals bereut. Die Attraktivität war einfach zu groß.

Die Kinder – inzwischen in ihren 30ern – halten die Eltern mobilitätsmäßig „ganz schön auf Trab". Die Töchter leben in Rotterdam, Bonn und Berlin. Besonders von Berlin ist H. angetan. Trotzdem kann und will er sich ein Leben außerhalb Münchens nicht vorstellen.

Herbert ist ein Mensch, der im Hinblick auf die emotionale Ortsbezogenheit über hohe Sensibilität verfügt.

Hortensia (Jahrgang 1954)

Hortensia wurde 1954 in Lima/Peru als jüngstes von fünf Geschwistern geboren. Die nächstjüngere Schwester war sieben Jahre älter, die größeren Brüder hatten zum Zeitpunkt von H.s Geburt bereits ihre Pubertät hinter sich gebracht. Die Eltern hatten nicht mehr mit Nachwuchs gerechnet; der 48-jährigen Mutter fiel es schwer, zu der Nachzüglerin eine gedeihliche Beziehung aufzubauen. Als Kind und junges Mädchen fühlte sich H. von der Mutter vernachlässigt, wenn sie darüber nachdenkt. Besonders, dass man sie mit 14 Jahren in ein Schweizer Internat „abgeschoben" hat, empfindet sie als Ausdruck der Verlorenheit ihrer Mutter, einer Mutter, die der Wucht und den Ansprüchen einer spät geborenen Tochter nicht gewachsen war.

Dass es der Familie überhaupt möglich war, das „Problemkind" in die Schweiz zu schicken, belegt ihre Zugehörigkeit zur dünnen peruanischen Oberschicht. Wenn sie auch nicht zur absoluten Spitze gehörten, so waren sie doch immerhin gut situiert und wohlhabend genug, um ein derartiges Vorhaben zu verwirklichen. Die Familie S. gehörte zu den 24.000 reichsten Peruanern. H.s Mutter entstammte einer reichen Familie. Erst die Bodenreform von 1969, die mit einer Enteignung verbunden war, veränderte diese Sondersituation und brachte die Familie in wirtschaftliche Bedrängnis. Gleichwohl gehörte und gehört die Familie zur Hautevolée des Landes: einer von H.s Brüdern betätigte sich als Lokalpolitiker und brachte es bis zum Bezirksbürgermeister in San Isidro, dem Viertel der Botschaften und der Internationalität Limas. Er ist ein enger Freund des weltberühmten Schriftstellers Mario Vargas Llosa.

Der Wohlstand der Familie S. beruhte auf Landwirtschaft. Im Süden des Landes hatte H.s Großvater eine große Besitzung, auf der vor allem Baumwolle kultiviert wurde. Diese ging auf seine Tochter – die Mutter von H. – über. Der auf der Hacienda als Agraringenieur tätige künftige Vater von H. hatte also eine „gute Partie" gemacht.

H. wuchs abwechselnd auf der Hacienda und in Lima auf. Die Mutter war allerdings fast nie auf dem Land – sie kümmerte sich in Lima um die dort zur Schule gehenden älteren Brüder. In jener Zeit spürte H., dass die Mutter mehr für die älteren Geschwister da war als für sie.

Eine gewisse emotionale Kompensation als Ersatzmutter verschaffte ein Kindermädchen, das aus der afroperuanischen Gegend im Süden des Landes kam. Zu dieser inzwischen hochbetagten Frau hat H. immer noch ein besonderes Verhältnis. Bei den Heimataufenthalten in Peru kommt es zu regelmäßigen Besuchen. Ihr widmete H. ihre spätere Magisterarbeit in Soziologie an der Universität Heidelberg.

1961 wurde H. eingeschult. Bei der Wahl der Schule hatte die Schicksalsgöttin ihre Hände im Spiel. An der Schule der Ursulinerinnen in Lima kam sie erstmals mit deutscher Sprache und Kultur in Berührung. Ein Umstand, der ihren späteren Lebensweg ganz entscheidend prägen sollte, übrigens auch den geographischen, der uns ja in erster Linie interessiert (einschließlich der damit verbundenen Gefühle). Die Eltern hatten diese Schule nicht aus ideologischen Gründen ausgesucht (etwa weil sie der Tochter eine religiös fundierte Erziehung angedeihen lassen wollten), sondern ganz einfach, weil das Schulgebäude um die Ecke lag.

Der Kontakt zur deutschen Sprache und Kultur war freilich anfangs ziemlich bescheiden. Er beschränkte sich zunächst auf deutsche Kinderlieder, welche die Nonnen ihren Schülerinnen mit Inbrunst vortrugen. Woher sie diese Vorliebe für deutsches Liedgut bezogen, bleibt unerfindlich. Sie stammten überwiegend nicht aus Deutschland, einige aus Kuba. Auch dies ist für den weiteren Lebensweg von H. nicht ohne Belang. Vielleicht waren die Nonnen keine Anhängerinnen von Fidel Castro, aber wahrscheinlich waren sie vom Geist der Zeit infiziert. Es herrschte ja in den 60er Jahren allgemeine Aufbruchsstimmung, auch in der katholischen Welt, namentlich in Südamerika. Hier entstand die Befreiungstheologie, und auch von dieser mögen die Ursulinerinnen den Schülerinnen etwas mitgegeben haben. Dies geschah sicherlich nicht auf direktem Weg der Unterweisung oder gar im Sinne einer Indoktrination. Aber von einer gewissen Infiltration, was allgemeinen Widerspruchsgeist, Sensibilität gegenüber Ungerechtigkeit usw. anlangt, darf schon ausgegangen werden. Auf diesem Wege mag auch in der kleinen H. das zarte Pflänzchen der Kritik an politisch und ökonomisch verursachten Missständen in ihrem Lande entstanden sein. Zumindest befördert wurden durch diese wahrliche Schule des Lebens ihr allgemeiner Oppositionsgeist und auf der Ebene der Persönlichkeit ihre

Widerspenstigkeit. Den wichtigsten Hintergrund hierfür bildete natürlich nicht die Unterweisung durch die Nonnen, sondern das fortbestehende schwache Verhältnis zur Mutter und die vertrauensvolle Beziehung zu ihrer Amme. Es muss zudem darauf verwiesen werden, dass sie innerhalb der Familie keine altersmäßig passenden Spielkameraden hatte. H. reagierte mit Verhaltensweisen, die von den Eltern völlig missverstanden wurden. Sie bemalte beispielsweise die Wände, sprach mit Gestalten, die sie selber erfand und war oft verschwunden in den Dünen. Der hilflose Familienrat reagierte darauf mit dem Entschluss, das „schwierige" und spätgeborene Kind in die Schweiz zu verfrachten. Als Exil, als Verbannung hat das junge Mädchen die Jahre von 1968 bis 1971 dort erlebt. Immerhin erlernte sie in der Schweiz die französische Sprache, die ihr auch heute noch geläufig ist. Und immerhin hat sie dort über eine Freundin den Impuls bekommen, ihr Deutsch zu pflegen und diese Fähigkeit gleich mit einem Studium vor Ort zu verbinden. Und so landete H. in Heidelberg. Dort studierte sie von 1973 bis 1978 Soziologie und Politikwissenschaft. Sie schloss dieses Studium mit dem Magister-Examen ab.

Zuvor allerdings war es erneut zu massiven Streitigkeiten mit den Eltern gekommen. Diesmal ging es darum, dass diese nicht wollten, dass die Tochter studierte. Sie hatten für sie eine „standesgemäße" Ehe vorgesehen, wie das in den 70er Jahren in einer Familie der oberen Mittelschicht in der Hauptstadt Perus üblich war.

H. wollte nach dem Abschluss des Studiums nicht in Deutschland bleiben. Vieles an diesem ihr fremd gebliebenen Land schreckte sie ab. Außerdem wollte sie ihre politischen Ambitionen in Südamerika in die Tat umsetzen. Sie arbeitete ab 1979 als Soziologin in praxisbezogenen Projekten, die in erster Linie Frauen und Jugendliche als Zielgruppen hatten und die u.a. von den Vereinten Nationen finanziert wurden. 1981 war H. als Dozentin am Goethe-Institut in Ekuador tätig. Von 1984 bis zu ihrer Übersiedlung nach Deutschland unterrichtete sie Deutsch, Sozialkunde und Kunst an deutschen Schulen in Lima, Quito und Bogotá. Bald hatte sie auch das Theater entdeckt. In diesem Zeitraum absolvierte sie in Lima eine Schauspielausbildung. Sie leitete Theaterworkshops für Kinder und Jugendliche in deutscher, spanischer und englischer

Sprache. Später ließ sie sich zur Bachblütentherapeutin in Bogotá und Santiago de Chile ausbilden.

Während ihres Aufenthalts in Bogotá, wo sie am *Colegio Andino*, der Deutschen Schule, Deutsch als Fremdsprache unterrichtete, lernte sie 1994 Jürgen W., den deutschen Fachberater für Deutsch als Fremdsprache kennen. Ihre Schüler, damals im Alter von neun Jahren, wussten schneller als H., dass sie sich in ihn verliebt hatte. H. war an diese Schule gegangen, weil es hier eine große Grünfläche zum Spielen gab und sie dort die besten Chancen für ihren halbwüchsigen Sohn sah, Zugang zu einem anderen Kulturkreis zu bekommen.

Im Jahr 1996 heirateten H. und Jürgen. Und damit befreite sie sich endlich von der Last eines Schwurs ihrer Großmutter: „Du bist gut in Sprachen ... Das ist gut so. So wirst du einen Ausländer heiraten. Vielleicht sogar einen Deutschen, damit sich unsere Rasse endlich verbessert." H. war noch sehr klein, als sie das hörte, aber intelligent genug, um zu spüren, dass etwas an dieser Aussage faul war. Sie mied aus Trotz irgendwelche ernsthaften Beziehungen zu Deutschen. Bis sie sich befreite und Jürgens Liebe akzeptierte. Obwohl er Deutscher war.

Warum entscheidet sich eine Peruanerin letztlich für München? Auch wenn sie die Emotionalität und die Warmherzigkeit ihrer südamerikanischen Landsleute vermisst, so schätzt sie doch sehr den Pasinger Stadtpark, der sie durch all die Jahre in München begleitet hat. Dort fühlte sie sich von der Natur umarmt, in das Grün der Anlage eingebettet, von den Spaziergängern angenommen, die mit ihr die „frische Luft" teilten. Vor allem die Tage mit grauem Morgennebel und blutroten Sonnenuntergängen, die Jahreszeiten mit tiefem Grün und flammendem Rot, mit Regen und Schnee, mit einer rauschenden Würm und zugefrorenen Teichen haben sie immer wieder berührt, die kürzlich beobachtete Rückkehr der Biber in dieses Stück Natur tief bewegt.

Bereichernd erlebte sie auch die Nachbarschaft. An warmen Sommerabenden hatte man schnell die Tische nach draußen gestellt, jeder brachte, was gerade im Kühlschrank war oder bereitete etwas zu und – umgeben von ihrem Hund, den Kindern und liebevollen Nachbarn – verbrachten sie auf diese Weise oftmals Abende, bis die Kerzen verlöschten. Einmal hatte sie gehört, dass man auf die Musik hören solle, wenn man die Seele eines Landes kennenlernen wolle. So haben sie die Klänge der unterschiedlichen Vogelarten, aber auch die unterschiedlichen Dialekte der deutschen Sprache und die vielen ausländischen Sprachen, die heute in diesem Land gesprochen werden, beeindruckt. Das war wie Musik in ihren Ohren und ein Zeichen der Offenheit und Vielfältigkeit des Landes. Dies alles gefällt ihr bis heute sehr und bedeutet in ihrem Leben eine schöne Erinnerung an München, Pasing, die Moschee und die Maria-Schutz-Kirche.

Ich hätte nie gedacht, dass ich diese Zeilen fertig schreiben würde ohne Bernardo. Denn er war bis vor einem Jahr eine verrückte Präsenz in meinem Leben, und ich kann es noch immer nicht fassen, dass er heute nur noch in unseren Herzen lebt. Er kam zu mir, weil ich ihn bei seinem Buch „Ungehaltene Reden" beraten sollte. Bald entwickelte sich unsere Begegnung zu einer sehr intensiven Freundschaft. Mit ihm gewann ich wieder den soziologischen Blick zurück, den wir beide verinnerlicht hatten. Es begann eine Zeit des Austauschs, in der ich seine Gedanken verfolgte und mir seine sehr gut gelungenen lyrischen Übersetzungen der spanischen und lateinamerikanischen Literatur anhörte und korrigieren durfte. Darüber zu schreiben fällt mir schwer, weil Bernardo sehr schnell aus dem Leben sprang. Wir strickten bald an neuen gemeinsamen Projekten. Ich sah ihn etwa drei Tage vor seinem Tod. In der Klinik schrieb er noch bis zum letzten Tag. Der Wind drohte sein Leben auszublasen und auch die beschriebenen Zettel und Seiten wegzuwehen. Bernardo hielt sie fest, bis zum Schluss, mit beiden Händen, wie in einer unendlichen Umarmung, einem letzten „abrazo".

Ich hatte ein Erlebnis, das ich hier gerne mit Ihnen teilen möchte. Nach seiner Buchpräsentation, bei der die Wirkungen der Chemotherapie an seinem Körper zu sehen waren, verabredeten wir uns wieder einmal im Café Mariandl in der Goethestraße in München. Auf der Straße, auf dem Weg zu ihm, kam er mir entgegen. Ich erkannte ihn nicht: da war der schwarze Hut, sein Gang, sein Stock und sein schwarzer Mantel. Ein schöner Mann, sagte ich mir, ich muss Bernardo unbedingt sagen, er muss sich einen Bart wachsen lassen, es würde so gut zu ihm passen.

Wenn ich heute an München zurückdenke, wird – zusammen mit meinen lieben Schülern der VHS – immer dieses Bild von einem schönen Mann auftauchen, der auf dem Weg zum Mariandl ist, umgeben vom Geruch von Tabak, Wein, Wärme und Humor. Ich bin sicher, er wird da sein.

Hortensia

Teneriffa, Februar 2014

Inge F. (Jahrgang 1947)

Inge ist in einem kleinen Dorf in der Nähe der Bodenseestadt Friedrichshafen geboren. Beide Eltern stammten aus der Region.

Ihr Vater war bei ihrer Geburt 46 Jahre alt, er verstarb bereits zwei Jahre später an Kriegsfolgen. Da er keinen Beruf hatte erlernen können, hatte er sich und seine Familie schon vor dem Krieg mit allerlei Großhandel und als Taxifahrer durchgebracht. Er hinterließ sechs Kinder, mit dem sechsten ging die Mutter schwanger, als er starb. Drei Kinder waren aus einer früheren Ehe. Der frühe Tod des Vaters war für die Familie und besonders für die Mutter ein Schock. Nach den Worten der Tochter hat sie sich danach abgekapselt, sie hatte sich auf dem Dorf nie so recht wohl gefühlt, sie kam aus der Stadt Ravensburg. Außerdem fühlte sie sich jetzt als Arme und arme Familie und als Außenseiterin, denn im Dorf galt „haste was, biste was", das ist wohl heute nicht viel anders, wie ihr Freunde berichteten. Diese soziale und persönliche Lage der Mutter beeinflusste natürlich auch die Kinder und deren Kontakte zu ihrer Umgebung und zu anderen Kindern. Nach diesem Schicksalsschlag musste die Mutter, damals 42-jährig, allein die Familie ernähren und die Kinder groß ziehen. Später hat man I. auch erzählt, dass es Konflikte zwischen der Mutter und dem jüngsten Stiefsohn gab, der damals 14 war. Er und die anderen beiden aus der ersten Ehe des Mannes verließen bald das Haus, um sich selbst zu ernähren. Die Wohnverhältnisse waren ja auch sehr beengt: drei Zimmer für sieben Personen! Die Mutter, gelernte Schneidermeisterin, verwandelte das Wohnzimmer in eine Schneiderwerkstatt, wo sie auch ein bis zwei Lehrmädchen ausbildete. Sie ging aber auch auf „Stör", d. h. sie ging mehrere Tage in (wohlhabende) Bauernhäuser, um dort für die weiblichen Familienmitglieder zu nähen. I. war auch verschiedentlich dabei. Sie musste dann ein wenig in der Landwirtschaft mithelfen. Bücher waren bei den Bauern verpönt! Trotz dieser Anstrengungen war der Lebensunterhalt der Familie sehr bescheiden. I. spricht sogar von einem Leben am Rande des Existenzminimums. Keines der Kinder hatte jemals ein eigenes Zimmer. I. schlief mit der Mutter im Ehebett. Sie war lange Jahre der „Kummerkasten" für ihre Mutter, was natürlich eine totale Überforderung darstellte. Gleichzeitig war sie ihre Hoffnungsträgerin.

In der Dorfschule war I. eine sehr gute Schülerin. Deswegen wurde sie auch in das Gymnasium ins nahegelegene Friedrichshafen geschickt. Ihre Lieblingsfächer waren Englisch, Deutsch und Biologie, was auch mit den Lehrern zusammenhing. Aus der Begeisterung für Sprachen und Literatur entwickelte sich die für ihr späteres Leben wichtige Hinwendung zu anderen Kulturkreisen.

Trotz guter Schulnoten verließ I. nach vier Jahren das Gymnasium und wechselte in die Höhere Handelsschule in Ravensburg, wo sie mit der Mittleren Reife abschloss. Sie entschied das selbst, denn sie wollte ihre Mutter finanziell entlasten, damit die Familie endlich in eine größere und schönere Wohnung umziehen konnte. Gleichwohl war sie ungebrochen bildungshungrig und ehrgeizig, bekam zweimal Preise als beste Schülerin. Die guten Noten waren das Einzige, womit I. glänzen und andere Schüler beeindrucken konnte, auch schon im Gymnasium, als sie überwiegend mit Kindern aus gut situierten Familien zusammen war.

Nach der Handelsschule nahm sie, 17-jährig, eine Stelle als Fremdsprachenstenotypistin im kaufmännischen Übersetzungsbüro von MTU in Friedrichshafen an. Sie begann auch Spanisch und englische Stenografie zu lernen. Der Verdienst war allerdings bescheiden. Bei MTU lernte sie den Leiter des technischen Übersetzungsbüros kennen, der sie mit in seine Familie nahm. Zum ersten Mal erlebte sie eine Familie ohne finanzielle Sorgen, eine Familie, wo man Zeit hatte füreinander. Der Familienvater kam ursprünglich aus Ungarn, seine Frau war Holländerin. Dazu kam ein Hang zu östlichen Religionen. Für I. also eine hoch interessante Familie. Sie machte auch verschiedene ausgedehnte Paddeltouren, zu denen sie ihren jüngsten Bruder mitnahm. Diese Familie half ihr auch, der symbiotischen Bindung an die Mutter, dem engstirnigen Dorf und der nicht sehr anspruchsvollen Tätigkeit im Büro zu entrinnen.

Mit 20 Jahren wagte sie den Sprung über den Kanal und ging nach London. Sie verdingte sich als Au-pair in einem nördlichen Stadtteil Londons, und nach drei Monaten wechselte sie in das Jugendhotel des deutschen YMCA, das im Zentrum Londons, am Rand des Hyde Parks lag. Natürlich besuchte sie auch eine Sprachenschule. Sie war berauscht von der Weltstadt London und verbrachte viel Zeit in Museen, Galerien, Theatern und anderen Kulturstätten. Sie machte Pläne, wollte nach einem Jahr London nach Paris und dann nach Madrid gehen, auch um später die externe Prüfung zur Übersetzerin zu machen, was ihr auf direktem Wege nicht möglich gewesen war. Aber ihre zukünftige Schwägerin, die sie auf der Heimreise in Pinneberg bei Hamburg besuchte, kam dazwischen. Sie begeisterte I. vom Sozialpädagogik-Studium, das sie selbst aus finanziellen Gründen nicht machen konnte.

Also bemühte sich I. um einen Studienplatz und wurde im letzten Moment nur aufgrund ihrer guten Noten in Frankfurt genommen. In Hessen gab es auch damals eine Chance für Berufstätige, nach vier Jahren Tätigkeit oder einer Lehre in die Fachhochschule ohne Abitur einzusteigen. Mit Abschluss des Studiums erwarb man sich sogar die allgemeine Hochschulreife. Frankfurt selbst fand sie hässlich, auch die Umgebung konnte ihre Sehnsucht nach Natur und See nicht stillen. Nicht mal einen schönen großen Park gab es dort. In ihrer Studienzeit wurde sie von der Studentenbewegung („68er") erfasst. Nach anfänglichem Widerstand („Ich will in Ruhe studieren, das sind Chaoten.") bewegte sich etwas in ihr und sie begann, über einiges nachzudenken und kritisch zu hinterfragen.

Nach abgeschlossenem Studium und ein paar Jahren Berufstätigkeit zog sie 1974 nach Göttingen um, „wegen der Liebe". Göttingen ist eine Studentenstadt. I. wohnte in Wohngemeinschaften und kam in näheren Kontakt mit politischen Gruppen. Sie war auf der Suche, genoss aber auch das Leben mit vielen Freunden.

Nach fünf Jahren in Göttingen wechselte I. nach München, weil sie ihrem geliebten Bodensee und ihrer Familie wieder näher sein wollte. Auch störte sie, dass aus der Studentenstadt immer wieder Freunde wegzogen. Nach einer kurzen Eingewöhnungszeit beschloss sie, in München zu bleiben. Das hiesige kulturelle Angebot und die vielen ausländischen Mitbürger und ihre Kultur festigten diesen Entschluss. Sie fand eine Stelle als Sozialpädagogin in der Gesundheitsberatungsstelle der Stadt München im Ortsteil Hasenbergl. In München fand die politisch engagierte Frau zudem Anschluss an aktive Gruppen der Abrüstungskampagne. Zu den Menschen in diesen Gruppen entwickelte sie ein dichtes soziales Netz, was ihre gefühlsmäßige Bindung an München noch verfestigte.

Im beruflichen Bereich hatte I. weniger Glück. Es wurden ihr keine finanziellen Mittel zur Verfügung gestellt, die sie dringend für ihre Arbeit benötigt hätte, und auch sonst fand sie bei ihrer vorgesetzten Behörde, dem Gesundheitsamt der Stadt München, wenig Unterstützung. Deshalb entschloss sie sich mit 43 Jahren zu einer beruflichen Neuorientierung. Sie griff ihr altes Faible für Fremdsprachen wieder auf und begann ein Studium am privaten Sprachen- und Dolmetscher-Institut München zur Übersetzerin in den Fächern Englisch und Spanisch. Nach bestandener Prüfung suchte sie eine Halbtagsstelle als Sekretärin, um das Existenzminimum zu sichern und sich ansonsten der Spracharbeit widmen zu können. Sie hatte Glück und bekam – trotz 40 Mitbewerberinnen – in der Universität am Lehrstuhl für Altphilologie eine Stelle. Nach fünf Jahren wechselte sie an die Akademie der Wissenschaften als Sekretärin des Mittellateinischen Wörterbuchs. Nebenbei übersetzte sie ein paar Romane aus dem Englischen und einige Fachtexte. Die Konkurrenz im Übersetzergeschäft ist groß und so begann sie, Sprach- bzw. Nachhilfeunterricht in Englisch und Spanisch zu geben, seit kurzem auch in Deutsch. Die Hauptenergie musste sie allerdings in die Tätigkeit als Sekretärin stecken, wie das so ist bei Halbtagstätigkeiten. Seit zwei Jahren ist sie jetzt in Rente und kann mehr unterrichten, was ihr viel Freude macht, auch wenn es manchmal aus verschiedenen Gründen nervt.

Als Mitarbeiterin im bayerischen Staatsdienst erwarb sie sich den Anspruch auf eine sogenannte Staatsbediensteten-Wohnung. Zuvor hatte sie mehrere Jahre in unmittelbarer Umgebung des Tierparks Hellabrunn gewohnt, wo es ihr wegen der Naturnähe besonders gut gefiel, und später zehn Jahre in Schwabing. Nach der Trennung von ihrem langjährigen Partner zog sie aus und nach einer „Irrfahrt" durch drei verschiedene „Notunterkünfte" bekam sie dann als Studentin eine kleine Sozialwohnung im Stadtteil Kieferngarten im äußersten Münchner Norden. Nach der Heirat mit einem Peruaner erhielt sie dann 1998 „gnädigerweise" (Anspruch haben eigentlich nur Vollzeitbeschäftigte) vom bayerischen Staat eine Zweizimmerwohnung im selben Stadtteil.

Der Ehemann von I. war wie gesagt peruanischer Staatsbürger, väterlicherseits indigener Abstammung. Sie hatte ihn in der Latinoszene kennengelernt, in die sie eine Studienfreundin mitgenommen hatte. Die

Ehe hatte allerdings nur fünf Jahre Bestand. Sie scheiterte, wie so viele ähnliche Verbindungen, am *cultural clash* oder besser gesagt *machismo*, der erst spürbar wurde, als der Partner arbeitsbedingt gesundheitliche Probleme bekam, und das Heimweh, besonders nach seinen beiden Kindern, immer schlimmer wurde. Die Situation ausländischer Mitbürger aus nicht europäischen Ländern ist sehr schwierig und auch traurig. Während der Zeit ihrer Ehe hatte sie zusammen mit ihrem Mann dessen Heimatland bereist und Lima, das Leben der Familie dort und die Welt der Anden kennengelernt.

I. ist nach wie vor ein sehr reisefreudiger Mensch. Durch ihre privaten Beziehungen hat sich ihre Liebe vom Englischen mehr aufs Spanische verlagert, und durch ihren jetzigen Lebenspartner, einen Spanier aus Galizien, war sie oft auf der iberischen Halbinsel. Beide haben auch Freunde in Portugal. Als Sozialpädagogin reiste sie schon durch Andalusien. In Madrid hat sie sich mehrfach mit ihrem Freund getroffen, als er noch Professor für Latein und Griechisch in Santiago de Compostela war. Durch ihn hat sie auch die Schönheiten des rauen und grünen Galizien entdeckt. Seit seiner Pensionierung wohnt er auch dauerhaft in München, davor jedes Jahr acht Monate, wo er sich auch zu Forschungszwecken in der Akademie der Wissenschaften aufhielt. Ihm gefällt es in München sehr gut, auch das bayerische Umland begeistert ihn.

Was das Leben von I. im Viertel anlangt, so ist ihr Urteil weitgehend positiv. Ihre Wohnung und die Wohnanlage gefallen ihr sehr gut, ebenso die Umgebung, die zahlreiche Möglichkeiten für Spaziergänge und Radausflüge bietet, z. B. im Englischen Garten und an der Isar. Mit den Nachbarn hat sie bis auf zwei Leute ein angenehmes freundliches Verhältnis. Nicht zufrieden ist sie mit den Einkaufsmöglichkeiten vor Ort. Es gibt z. B. keine Bäckerei, kein Blumengeschäft oder gar Bioladen. Aber da sie täglich in Schwabing unterwegs ist, zum leckeren Imbiss im Bioladen und zum Unterrichten, ist es für sie kein großes Problem.

Fragt man Inge, ob sie in einem anderen Münchner Stadtviertel leben möchte, oder in einem anderen deutschen oder ausländischen Ort, so antwortet sie: nein. Sie meint, sie ist schon so oft umgezogen, dass es ihr gut tut, etwas zur Ruhe zu kommen. Reisen würde sie gerne etwas mehr, aber die finanziellen Mittel setzen Grenzen.

Ingrid G. (Jahrgang 1956)

Ingrid wuchs in der bayerischen Kleinstadt Freilassing nahe Salzburg auf. Sie fühlt sich auch heute noch dieser bayerisch-österreichischen Grenzregion zugehörig. Als sie geboren wurde, waren die Eltern 28 bzw. 25 Jahre alt. I. hat einen zwei Jahre jüngeren Bruder. Die Mutter kam aus der Region, der Vater war Flüchtling aus dem Sudetenland. Eine Diskriminierung aus diesem Grund hat die Tochter nicht wahrgenommen, vermutlich deswegen, weil der Vater den angesehenen Beruf des Lokomotivführers ausübte. Die Mutter, eine gelernte Schneiderin, widmete sich nach der Eheschließung ganz der Familie. Die Verwandtschaft der Mutter lebte in der Region; zu den zahlreichen Tanten und Onkeln, zu Kusinen und Cousins bestand regelmäßiger Kontakt.

Die Familie erbaute in den 50er Jahren ein Eigenheim außerhalb des Ortskerns, der damals noch sehr dünn besiedelt war. Dies bedeutete für das kleine Mädchen, dass es nur wenig Spielkameraden gab. Mit diesen existierte allerdings ein intensiver Austausch.

Nachdem sie ihre Grundschulzeit in Freilassing abgeschlossen hatte, wechselte sie, da es hier kein Gymnasium gab, in das der nahe gelegenen Stadt Laufen, das sie per Schulbus erreichte. Über die Fahrgemeinschaft entwickelten sich Freundschaften, die teilweise jahrelang anhielten. Einer Clique im eigentlichen Sinne gehörte I. während ihrer Gymnasialzeit nicht an. Zusammen mit ihrem Bruder und den Freundinnen trieb sie viel Sport (Tennis, Bergsteigen, Skifahren). Ihre Kindheit und Jugend in Freilassing hat sie absolut positiv erlebt.

Nach dem Abitur ging I. nach München, um dort an der LMU Mathematik und Geographie mit Berufsziel Realschullehrerin zu studieren. Zu Beginn ihres Studiums lebte sie im Ortsteil Laim, zusammen mit einer Freilassinger Schulfreundin. Als der Bruder ebenfalls zum Studium nach München kam, führte sie mit diesem bis zum Examen eine Familien-WG in der Maxvorstadt.

Nach der Referendarzeit in Fürstenfeldbruck, die keine nennenswerten Spuren hinterließ, bekam I. 1985 eine Stelle an der Staatlichen Schule für Kranke München. Diese Tätigkeit übt sie bis heute gerne und mit großem Engagement am Schwabinger Krankenhaus aus. Mit einigen

Kolleginnen ist sie befreundet. Nach zehn Jahren Arbeit an der Klinikschule bezog I. eine geräumige Zwei-Zimmer-Wohnung im Ortsteil Berg am Laim, die sie als Single bis heute bewohnt.

Zum unmittelbaren Wohnumfeld hat I. einen insgesamt positiven Bezug. Sie schätzt die aufgelockerte Bebauung und die angrenzenden Grünflächen. Allenfalls vermisst sie dort ihr genehme Cafés und Kneipen. Im Nachbarbezirk Haidhausen findet sie jedoch ihr zusagenden Ersatz. Mit dem infrastrukturellen Angebot im Viertel ist sie aber sehr zufrieden. Auch gehobener Konsumbedarf kann befriedigt werden. Zu den unmittelbaren Nachbarn hat sie zwar eher seltenen, aber herzlichen Kontakt.

Die weit gereiste Frau – sie kennt viele Weltstädte, besucht aber lieber Gegenden, die Naturschönheiten und Ruhe anzubieten haben – entwickelt zu Gesamt-München ein eher zwiespältiges Verhältnis. Einerseits kann sie sich ein Leben in einer anderen vergleichbaren Stadt nicht vorstellen; sie genießt durchaus die kulturellen und sonstigen Angebote. Andererseits wird sie mit zunehmendem Alter unduldsamer gegenüber den allgemeinen Lebensumständen in der Großstadt. Sie teilt die altersgemäßen Vorbehalte ihrer Altersstufe: München ist ihr einfach zu laut, zu hektisch, zu voll. – Das kulturelle Angebot ist oft deswegen nicht ausschöpfbar, weil die für sie interessanten Veranstaltungen teilweise sehr schnell ausverkauft sind. Dadurch wird I.s Spontaneität untergraben.

In diesem Zusammenhang ist erwähnenswert, dass seit dem Tod des Vaters zwischen Ingrid und ihrer Mutter ein Übereinkommen besteht, dass sie nach ihrer Pensionierung wieder in das Elternhaus zurückkehren wird. Bei den regelmäßigen Besuchen in Freilassing sucht sie immer auch Kontakt zu den Freundinnen aus der Schulzeit.

Leo v. B. (Jahrgang 1985)

Leo, nach dem traditionellen Heiligen St. Leonhard benannt, ist im Kreiskrankenhaus Starnberg geboren. Zu diesem Ort hatten weder er noch seine Eltern einen näheren Bezug. Zum Zeitpunkt seiner Geburt lebte die Familie in einem kleinen Dorf in der Nähe von Passau. Die Mutter präferierte Starnberg als Geburtsklinik, weil sie dort bei der Geburt der älteren Geschwister (Jahrgang 1979 und 1981) gute Erfahrungen gemacht hatte. Der Vater war zum Zeitpunkt der Geburt von L. 38, die Mutter 36 Jahre alt. Der Vater war während seines ganzen beruflichen Lebens als Berufsberater am Arbeitsamt (später Arbeitsagentur bzw. Job-Center) tätig, die Mutter als Lehrerin an einer Hauptschule. Der Vater stammt aus Mülheim an der Ruhr, die Mutter ist Münchnerin.

L. verbrachte seine gesamte Kindheit und Jugend in dem erwähnten Dorf bei Passau, wo die Familie ein Eigenheim besaß. Die materielle Lage der Familie war überdurchschnittlich gut.

Bereits während der Vorschulzeit hatte L. freundschaftliche Kontakte zu Kindern aus der Nachbarschaft, ebenso war er eingebunden in das System befreundeter Großfamilien. Diese Freundschaften waren bis in die Jugend hinein stabil.

Aus der Retrospektive beurteilt L. – obwohl er die „guten Seiten" an Passau und Neukirchen durchaus schätzt (besonders das Durchstreifen der Wälder) – das Leben auf dem Land ziemlich negativ. Es war ihm einfach zu langweilig. Auch zu der leicht erreichbaren „Metropole" Passau hat er ein sehr distanziertes Verhältnis.

L. lebt seit 2005 in Kiel, wo er eine Ausbildung zum Umwelttechniker (im Heizungsbereich) absolvierte. Er lebt dort in einer Drei-Männer-WG. Nach Bayern möchte er nicht zurückkommen.

Auf die Frage des Interviewers, wo er denn leben wolle, wenn alle Lebensumstände passten, antwortet L., dass diese Frage ziemlich sinnlos sei. Wenn alle Lebensumstände passten, so könne man an jedem Ort der Welt leben.

Da hat Leo zweifellos recht.

Lorenz S. (Jahrgang 1978)

Obwohl Lorenz den (anderslautenden) Familiennamen seiner Ehefrau angenommen hat, bleibt die Anfangsinitiale weiterhin S. Wir erwähnen diesen Umstand nur deshalb, weil hierin eine gewisse Flexibilität bei gleichzeitiger Anpassungsbereitschaft an das weibliche Geschlecht zum Ausdruck kommt. Die Praxis, den Familiennamen der Frau anzunehmen, ist bei Männern (auch) der mittleren Generation immer noch selten.

L. wuchs in München-Schwabing auf. Er lebt heute noch zusammen mit seiner Familie in dem Haus, in welchem seine Großeltern bereits vor seiner Geburt wohnten.

Seine Eltern waren zum Zeitpunkt seiner Geburt 37 bzw. 33 Jahre alt. Der Vater, ein studierter Germanist und Soziologe, war als Lektor und Übersetzer, zunächst bei einem renommierten Verlag, später freiberuflich tätig. Die Mutter war Lehrerin an einem der alteingesessenen Münchner Gymnasien für Deutsch und Englisch. Der Vater stammt aus Franken, die Mutter ist Münchnerin. L. hat noch eine ältere Schwester. Die bereits erwähnten Großeltern waren selbstverständlich stets präsente „Anlaufstationen" für die Kinder.

Im unmittelbaren Wohnumfeld gab es genug gleichaltrige Spielkameraden, die durch die Hinterhöfe rund um das Nordbad zogen. Die Grundschulzeit verbrachte L. in der nahegelegenen Schwindschule. Anschließend besuchte er ein städtisches Gymnasium, das von einem stadtbekannten progressiven Pädagogen geleitet wurde. Kurz vor dem Abitur bekamen er und eine Klassenkameradin ein Kind. Mit dieser Frau ist L. nun schon lange verheiratet. Das Paar hat noch einen weiteren Sohn sowie eine kleine Tochter.

Nach einer Babypause nahm L. an der Universität München das Studium der Soziologie auf. Nach dem Examen fand er Beschäftigungen, die weniger seiner sozialwissenschaftlichen Qualifikation entsprachen als vielmehr seinem Geschick im Umgang mit Menschen. Gegenwärtig ist er in einem Projekt der Johanniter tätig, das sich um trauernde Kinder kümmert. Das Familieneinkommen wird im Wesentlichen von seiner

Ehefrau erwirtschaftet. Sie hat an der TU München Fahrzeugtechnik studiert.

Es erübrigt sich, L. nach einem alternativen Standort zu fragen. Sowohl aus der Retrospektive als auch im aktuellen Befund ist er mit seiner Wohn- und Lebenssituation in Schwabing-West im Großen und Ganzen zufrieden. Lediglich ein schönes Café, das fußläufig erreichbar wäre, vermisst er. In München schätzt er auch das Stadtviertel Haidhausen.

Wenn man Lorenz frägt, ob er sich einen alternativen Wohnort vorstellen könne, so weiß er keinen anzugeben. Auf weitere Regionen bezogen, erscheint ihm Wien sehr sympathisch, quasi München-ähnlich.

Marianne S. (Jahrgang 1943)

Marianne ist in den Berliner Stadtteil Friedenau hineingeboren. Ihre Eltern waren bei ihrer Geburt 33 bzw. 32 Jahre alt. Geschwister hat sie nicht. Der Vater war von Beruf Techniker, angestellt bei Siemens, die Mutter Köchin in einem Reformhaus. Der Vater war zum Zeitpunkt der Geburt der Tochter Soldat in Frankreich. Es war schwierig, sich als Familie nach dem Krieg wieder zusammenzufinden.

Gefunden haben sie sich wieder in einem Dorf bei Landsberg am Lech, wo sie als Flüchtlinge lebten, mit den entsprechenden Problemen. Von den einheimischen Kindern wurde M. jedoch nicht diskriminiert. Im Dorf besuchte sie die ersten sieben Volksschulklassen, anschließend in Landsberg die Mittelschule bei Dominikanerinnen, die auch ein Internat führten, in dem das Mädchen untergebracht war. In der Erinnerung erlebte sie den Erziehungsstil, der dort gepflegt wurde, zwar nicht als optimal, aber doch nicht als sehr belastend, vermutlich auch deswegen, weil sie – die gute Schülerin – auch in ihrem Verhalten eher angepasst war.

Im Jahr 1959 schloss M. ihre Schulausbildung mit der Mittleren Reife ab. Anschließend begann sie in einem hessischen Kurort eine Ausbildung im Hotelfach, die sie 1964 beendete. Im gleichen Jahr folgte sie einem Freund, der in Hannover seinen Wohnsitz hatte. Nachdem dieser Mann bald darauf tödlich verunglückte, orientierte sich die verunsicherte junge Frau dort an einem anderen Mann, der sie heiraten wollte. Dessen Tochter hintertrieb jedoch die Pläne. M. übernahm trotzdem die Buchführung für diesen Mann und verbrachte die nächsten Jahre auch die Freizeit mit ihm. Mit Hannover lernte sie erstmals eine Großstadt kennen und schätzen. Obwohl beide die Freizeitangebote der Stadt wie auch des Umlandes nutzten, hinterließen diese keine sehr nachhaltigen Spuren bei M.

Nach der Trennung von diesem Mann – er hatte sich inzwischen als Alkoholiker herausgestellt – verlegte sie ihren Wohnort nach München. Nach verschiedenen berufsqualifizierenden Weiterbildungen kam sie bald bei einem Versicherungskonzern unter. Bei der Firma blieb sie bis zum Ende ihrer Berufstätigkeit. Diese Beschäftigung verschaffte ihr soziale Anerkennung und materielle Sicherheit. So garantiert dieser

Konzern ausgeschiedenen Mitarbeitern ein Wohnrecht. Während dieser Zeit wohnte M. als Single in verschiedenen Appartements rund um den Münchner Verkehrsknotenpunkt Harras. Mit dem Leben dort war sie im Großen und Ganzen zufrieden.

Seit 2003 ist M. nun verheiratet. Sie bewohnt zusammen mit ihrem Mann eine geräumige Zwei-Zimmer-Eigentumswohnung in Großhadern. Sie ist sowohl mit der Wohnung selbst, der Verkehrsanbindung sowie mit der allgemeinen Infrastruktur sehr zufrieden. Ein Wechsel in einen anderen Stadtteil oder gar in eine andere Stadt kommt für sie nicht in Frage.

Die weitgereiste Frau – sie hielt sich mehrfach in Guatemala auf – hat eine enge Beziehung zu München, besonders aber zu ihrem Stadtviertel und ihrem unmittelbaren Wohnumfeld. Eine enge emotionale Bindung an ihr Stadtquartier lässt sich auch aus dem Umstand ablesen, dass Marianne fest in der Nachbarschaftshilfe Großhadern engagiert ist.

Nicole P. (Jahrgang 1977)

Nicole ist in Bautzen geboren, aufgewachsen ist sie in der Dresden-nahen Kleinstadt Zittau, die für verschiedene Kulturdenkmäler bekannt ist. Die Eltern waren zum Zeitpunkt ihrer Geburt 20 bzw. 22 Jahre alt. Die Mutter, eine gelernte Schneiderin, arbeitete in Volkseigenen Betrieben der DDR, auch in einer Branntweinfabrik, der Vater als Kraftfahrer. N. hat noch eine Schwester, die drei Jahre jünger und einen Bruder, der acht Jahre jünger ist. Für DDR-Verhältnisse waren die Wohnbedingungen relativ gut (z.B. gab es in dem Altbau eine Toilette innerhalb der Wohnung). Im unmittelbaren Wohnumfeld gab es viele Spielkameraden. In Zittau ging N. auch zur Schule, sie schloss mit einem „Quali" ab. Im Ort hatte sie Anschluss ans Vereinsleben und betrieb das Fechten als Leistungssport.

Denkt N. an ihre Kindheit und Jugend in der sächsischen Provinz zurück, so hat sie durchwegs positive Erfahrungen. Dies hängt auch mit dem herzlichen Verhältnis zu ihrer Großmutter zusammen, die in einem Dorf nahe Zittau lebte. Dort haben die Kinder viele Ferien verbracht. Obwohl die Oma zum Zeitpunkt der Eheschließung von N. schon verstorben war, wollte N. dort feiern, weil sie mit der Großmutter im örtlichen Park oft spazieren gegangen war. – Diese Heimatverbundenheit teilt N. mit ihrem Mann. Auch er – dessen Familie aus eben diesem Ort stammt – wollte die Hochzeit wenn möglich dort stattfinden lassen.

Lange bevor sie ihren Andi kennenlernte, hat N. ihre sächsische Heimat verlassen. Sie bewarb sich auf eigene Faust republikweit um einen Ausbildungsplatz als Restaurantfachfrau. In München wurde sie fündig. Ein Traditionsrestaurant bot ihr einen Ausbildungsplatz an. In diesem Betrieb ist sie immer noch tätig.

N. denkt mit vielen Emotionen an ihre Kindheit und Jugend in Ostdeutschland. Zurück möchte sie allerdings nicht, auch deswegen, weil ihre Eltern und ihre Schwester in der Nähe von München leben.

Seit kurzer Zeit ist N. Mutter. Dies bedeutet, dass sie noch ziemlich lange an den Ort gebunden bleiben wird, in dem sie lebt.

Als nur schwer zu realisierenden – weil kostspieligen – Traumort gibt
N. Neuseeland an. Ich möchte, dass Nicole irgendwann mal in ihrem
Leben nach Neuseeland kommt.

Olivier R. (Jahrgang 1974)

Geboren und aufgewachsen ist Olivier in der drittgrößten Stadt Frankreichs.

Der Vater war bei der Geburt von O. 29 Jahre alt, die Mutter 28. Beide stammen aus der weiteren Umgebung dieser Stadt. Beruflich waren sie Gymnasiallehrer, der Vater stieg zum Universitätsprofessor auf, im französischen Bildungssystem ist dies kein ungewöhnlicher Karrieresprung. O. hat eine ältere Schwester und einen jüngeren Bruder. Zu den Großeltern, die in der Region lebten, gab es engeren Kontakt.

Seit seinem zweiten Lebensjahr wohnte die Familie in einer großzügigen Wohnung im Zentrum der Stadt. Im Stadtviertel gab es viele Schulfreunde, die seine Leidenschaft für Fußball teilten und auf den kleinen Plätzen des Quartiers auslebten. Ansonsten war O. als Kind und Jugendlicher eher häuslich eingestellt, seine Lieblingsbeschäftigung war Lesen. Zwar hielt er sich ab dem 15. Lebensjahr – altersadäquat – relativ oft in Kneipen auf, abends war er aber dann wieder der brave Sohn und ging selten aus.

Von der Region kannte er besonders gut das Heimatdorf seines Vaters. O. erzählte überall herum, dass er von dorther stammte. Auch im Heimatstädtchen der Mutter hielt er sich oft auf; dort allerdings musste er mit dem Handicap leben, dass er als Junge aus der Großstadt auf dem Fußballplatz der Feind schlechthin war. Die Jungen aus dem Ort hingen alle dem Liga-Konkurrenten aus dem nahegelegen Saint-Etienne an. Von Frankreich kannte er durch Ferien mit der Familie vor allem die Corrèze (wo eine Tante lebte) und die Alpen, andere Teile Frankreichs im Norden und Nordosten sowie die Mittelmeerküste waren ihm unbekannt.

„Meine Heimatstadt mochte ich nicht, nach meinem Jahr in einer norddeutschen Universitätsstadt (dort war er 1989 bis 1990 gewesen. – B.W.) noch weniger." Er hatte Angst vor den sozialen Spannungen in der Großstadt. Ganz konkret drückte sich diese Angst darin aus, dass er sich abends nicht auf die Straße traute.

Trotzdem war O.s Identifikationspegel bezüglich Frankreich sehr hoch. „Ich war wohl ziemlich patriotisch eingestellt. Mein wichtigstes Zugehörigkeitsgefühl war zunächst das Nationale." In und um seine Heimatstadt gab es seiner Einschätzung nach keine starke regionale Identität, jedenfalls keine vergleichbare zur Provence, zu Savoyen, zum Elsass oder zu anderen französischen Regionen.

Als O. etwa 25 Jahre alt war, gab es einen „Afrika-Plan". Eigentlich wollte er ja nur dem Militärdienst entgehen und den Ersatzdienst als Lehrer in Afrika machen, was nicht geklappt hat. „Ich bin auch nie in Afrika gewesen, ich habe da Hemmungen, besonders in ehemaligen französischen Kolonien würde ich mich ziemlich schlecht fühlen." Er teilt also nicht die bei den französischen Intellektuellen, auch bei den linken, weit verbreitete Afrika-„Nostalgie".

Inzwischen hatte der junge Mann ein ganz spezielles Verhältnis zur deutschen Sprache und Kultur entwickelt, man kann schon sagen eines, das sein weiteres Leben in vielfältiger Weise prägen sollte. Die Annäherung begann sehr konventionell: Deutsch als erste Fremdsprache war während seiner Schulzeit bei Schülern des französischen Bildungsbürgertums sehr verbreitet; außerdem gefiel ihm die Sprache spontan. Mit zehn Jahren kam der kleine Junge mit seinen Eltern zum ersten Mal nach München. Drei, vier Jahre später absolvierte er ein Austauschjahr an einem norddeutschen Gymnasium. Er nahm bei dieser Schule eine „gewisse Exotik" wahr.

Während der Zeit an diesem Gymnasium vertiefte sich der Schüler in die deutsche Geschichte, vor allem in die der beiden Weltkriege. Im Übrigen konnte sich der intelligente Schüler, der ein Schuljahr übersprungen hatte, so einen Auslandsaufenthalt erlauben, bei seinen Klassenkameraden war ein solches Privileg völlig unüblich.

Nachdem O. die Schulzeit abgeschlossen hatte, begann er das Studium der Geschichte. Auf dem in Frankreich üblichen Weg dieser Laufbahnen trat er in die Eliteschule *Ecole normale supérieure* ein. Von Anfang an war ihm klar, dass er deutsche Geschichte studieren wollte.

Nach dem Staatsexamen 1998 ging O. für ein Jahr in die USA als Lehrer für Französisch. Anschließend begann er an einer französischen Universität zu promovieren, und zwar über das Patriziat in einer spätmittelalterlichen Stadt im heutigen Deutschland. Dabei erforschte er ein Thema spezieller: die Memorialpraktiken dieser Population im späten

14. Jahrhundert. Um in den Archiven zu studieren, musste sich O. wiederholt in München aufhalten. (Während dieser Zeit hat er gelegentlich in der Wohnung des Verfassers und dessen Ehefrau gelebt.)

In München lernte er auch seine spätere Ehefrau kennen, die aus der deutschsprachigen Schweiz stammte. Dieser Umstand war dafür verantwortlich, dass er als Promotionsort eine Stadt im nahen Elsass wählte. Diese Region gefiel O. von Anfang an sehr gut. Mittelfristiger Plan des Paares war, sich in der Schweiz niederzulassen. O. wollte sich also diesem Land annähern.

Von 2004 bis 2006 hielt sich O. wiederholt in der norddeutschen Stadt auf, wo es ein französisches Geschichtsinstitut gab, an dem er seine Dissertation fertigstellen konnte. Die Stadt gefiel ihm nun nicht mehr so gut wie während seines Aufenthalts als Schüler, sie erschien ihm zu klein und zu norddeutsch.

2006 kam er beruflich wieder in die Stadt im Elsass, seit 2007 lebt er nun in der Schweiz. Seitdem lehrt O. an einer Universität im Süd-Elsass Geschichte. Er pendelt täglich mit dem Zug zwischen Wohn- und Arbeitsort. Wenn O. Deutschland und Frankreich direkt miteinander vergleicht, so äußert er sich folgendermaßen:

> In vieler Hinsicht finde ich Deutschland ein im Wortsinne viel gesünderes Land. Das französische Modell und die *exception française* empfinde ich immer mehr als verlogen. Meine Auslandsaufenthalte haben meine politischen Ansichten auch verändert, nämlich von einem traditionellen jakobinischen Sozialismus hin zu einer grünen Sozialdemokratie. Trotzdem fühle ich mich selbstverständlich immer noch hauptsächlich als Franzose; daheim wird z. B. französisch gekocht bzw. gegessen (mit süßem Frühstück, drei Gängen bei der Hauptmahlzeit, zweimal warm pro Tag usw.); ich fahre mit dem Fahrrad ins nächste französische Städtchen zum Markt, um Merguez und andere südländische, aber auch elsässische Spezialitäten zu kaufen. Immer noch bin ich Fußballfan meiner Heimatstadt. Und weiterhin Fan der Nationalmannschaft, aber nicht mehr so inbrünstig (was vielleicht nicht so sehr mit einem lauwarm gewordenen Nationalgefühl zu tun hat als mit der ethischen und sportlichen

Schwäche des Teams). Ich bin durchaus Fan der Schweizer Nati (der Nationalmannschaft) oder des Roger Federer, selbst wenn er gegen französische Gegner antritt." (O., der im Übrigen perfekt und akzentfrei die deutsche Sprache beherrscht, kann inzwischen auch dank seiner Frau Berndeutsch. – B. W.) „Irgendwie fällt es mir als Franzose auch leichter, die Distanz zur Schweiz abzubauen als die zu Deutschland; ich bin sehr froh, täglich in der deutschen Kultur zu leben, aber außerhalb Deutschlands. Ob es doch mit den seit dem Krieg geschürten gemischten Gefühlen Deutschland gegenüber zusammenhängt, weiß ich nicht. Vielleicht ist es einfacher, sich zusätzlich zur französischen Identität eine schweizerische anzueignen, weil die Länder unterschiedlich groß sind und keine Konkurrenten sein können. Aber irgendwie bin ich froh, dass meine Frau Schweizerin ist und keine Deutsche.

Einen idealen Wohnort hat O. nicht, aber das Leben am Oberrhein kommt diesem ziemlich nahe.

Inzwischen hat das Paar eine Tochter. Ab 2013 kann und will Olivier die Schweizer Staatsbürgerschaft beantragen, dem Motto der Immigranten folgend: „Es ist das Land meiner Kinder." Aber auch, weil er die Schweiz als schönes Land empfindet, obwohl er die dort vorherrschende strenge kapitalistische Anschauung nicht schätzt.

Rudolf C. (Jahrgang 1945)

Rudolf wuchs in der Nachkriegszeit in die Schwanthaler Höhe, ein Kernland von Alt-München, hinein. Seine Eltern waren zur Zeit seiner Geburt 39 bzw. 32 Jahre alt. Der Vater, ein waschechter Münchner, war Möbelkaufmann, die Mutter, aus der Pfalz stammend, Buchhändlerin.

Im unmittelbaren Wohnumfeld mangelte es dem Jungen nicht an Spielkameraden. Für diese Zeit hat er durchweg positive Empfindungen. Mit einem alten „Spezi", der im Gegensatz zu ihm aus dem Arbeitermilieu kam, hat er auch heute noch Kontakt.

Nach einem dreijährigen Internatsaufenthalt in der Provinzstadt Freising besuchte R. ein Münchner Gymnasium. Fast gleichzeitig zog die Familie in eine modernere Wohnung im Münchner Stadtteil Obergiesing. Eine nähere soziale Anbindung erreichte er dort nicht. Seine Freizeit verbrachte R. fast ausschließlich mit Klassenkameraden. Zentrum dieser Treffen war die Theresienwiese. Dabei spielte der Fußball die tragende Rolle, aber auch der häufige Besuch von Gaststätten verschiedenster Art gehörte zu den bevorzugten Beschäftigungen.

Nach dem Abitur und dem Dienst bei der Bundeswehr studierte R. an der Universität München Rechtswissenschaften. Danach trat er als Beamter in den bayerischen Staatsdienst ein, dem er bis zu seiner Pensionierung angehörte. R. heiratete bereits im Alter von 21 Jahren, aus der Ehe ging eine Tochter hervor. Inzwischen ist er ein zweites Mal verehelicht.

Seit circa 35 Jahren lebt R. im Münchner Vorort-Viertel Harlaching in einer Eigentumswohnung. Die dortige Lage schätzt er wegen ihrer Naturnähe. Er vermisst freilich, dass es in unmittelbarer Nähe keine vernünftigen Einkaufsmöglichkeiten, kein ansprechendes Café und andere infrastrukturelle Angebote gibt, was bedeutet, dass er auf ein Auto angewiesen ist. In eigener Diktion drückt er den (mangelhaften) emotionalen Bezug zu seiner Lokalität so aus: „Das Beste an Harlaching ist die Straßenbahn nach München."

Zu Gesamt-München hat R. keine erkennbare emotionale Beziehung. Der reisefreudige Mann (sein bevorzugtes Reiseziel ist Lanzarote, das er mit seiner zweiten Frau häufig anpeilt) möchte allerdings in keiner anderen deutschen Stadt leben.

Dass es mir gelungen ist, meinen alten Jugendfreund R., der in Wirklichkeit ganz anders heißt (er, der Jurist, ist da besonders vorsichtig), anlässlich dieses Buchprojektes nach fast über vier Jahrzehnten wieder aufzustöbern, darauf bin ich sehr stolz. Im weitesten Sinn ist dieser wieder gewonnene Kontakt auch eine Art von emotionaler Ortsbezogenheit; zu Giesing halt, wo R. und ich uns oft genug so verhielten, dass unsere sorgenvollen Mütter uns jeweils vor dem schlechten Einfluss des anderen warnten. Natürlich vergebens. Es freut mich sehr, dass R., den ich schon seit langer Zeit kenne, – wie soll ich sagen – die Kurve gekriegt hat.

(Mit dieser Formulierung ist dieser Mensch überhaupt nicht einverstanden. Er schlägt vor: „… ein ruhiger und ausgeglichener Mensch geworden ist.“)

Nun gut, mein Lieber.

Thomas A. (Jahrgang 1945)

Thomas wurde in der pfälzischen Kleinstadt Frankenthal geboren. Von dieser ist überregional nichts weiter bekannt. Vielleicht erinnern sich ältere Zeitgenossen an einen Fußballverein, der vor einigen Jahrzehnten in der Oberliga Südwest Erfolg hatte.

T. ist ein sogenannter Posthumus. Das heißt, dass er erst nach dem Tod des Vaters geboren wurde. Sein Vater ist im Zweiten Weltkrieg gefallen. Die Mutter war zum Zeitpunkt der Geburt 26 Jahre alt. Beruflich hatte die Mutter T. und seine zwei Jahre ältere Schwester als Fremdsprachenkorrespondentin durchgebracht. Nachdem sie einen fürsorglichen zweiten Mann kennengelernt hatte, zog die Familie 1957 nach München in den Ortsteil Großhadern, wo ein Eigenheim errichtet wurde. Dort lebt T. ohne Unterbrechung bis heute. Aus der zweiten Ehe der Mutter entstammt ein Halbbruder. Der Abschied vom vertrauten Frankenthal fiel dem Jungen damals leicht. Im Nachhinein lässt sich sagen, dass er mit Vorfreude und Neugierde in München „einzog" – und die neue Heimat für sich eroberte.

Erinnert sich T. an seine erste Münchner Zeit wie auch an die nachfolgenden Jahre, so verbindet er damit ausgesprochen positive Gefühle. Das Erwachsen-Werden in der Großstadt bezeichnet er auch in der Retrospektive als Bereicherung für seine Persönlichkeitsentwicklung.

Die Integration in die neue Schule in München fiel T. leicht. Es handelte sich um ein alteingesessenes humanistisches Gymnasium in der Münchner Innenstadt, an dem er 1965 das Abitur ablegte. Anschließend studierte er an der Universität München Politische Wissenschaften, Neuere Geschichte und Zeitungswissenschaften. Am Geschwister-Scholl-Institut der LMU gehörten der berühmte Remigrant Eric Voegelin sowie der nicht weniger renommierte Hans Maier zu seinen Lehrern. Sein Berufsziel war es, politischer Journalist zu werden. Dieses Ziel verfolgte er mit Konsequenz und angemessenen Schritten. Um sein Studium in der Regelzeit abschließen zu können, ohne seinen Eltern auf der Tasche zu liegen, baute er noch als Student einen eigenen Taxibetrieb auf. Dieses Unternehmen, an dem er selbst als Fahrer beteiligt war, betrieb er bis 1971. Zugleich schrieb er bereits für eine Tageszeitung in Österreich erste auch längere Artikel als fester freier Mitarbeiter.

Bald nach dem Ende des Studiums und nach einer ersten Probezeit gelang es T., als fest angestellter Redakteur beim Bayerischen Rundfunk übernommen zu werden. Er arbeitete bei diesem Sender in verschiedenen Abteilungen und Redaktionen. Im Jahr 1985 ging er als Auslandskorrespondent des BR für drei Jahre nach Italien. (Kenntnisse der italienischen Sprache und Kultur hatte er sich bereits als Heranwachsender angeeignet.)

Die Zeit in Rom, generell in Italien, war e i n Höhepunkt in der Biographie von T. Rom kennt er natürlich wie seine Westentasche; er hatte das Glück, eine Wohnung in der römischen Innenstadt zu bekommen. Befragt man ihn nach seiner Lieblingsregion, Provinz, Stadt, Dorf oder Landschaft, so verweigert T. die Auskunft, was ich sehr gut verstehen kann.

Nach seiner Rückkehr aus Italien arbeitete T. noch einige Jahre für den Bayerischen Rundfunk, vornehmlich als Nachrichten-Redakteur. Seitdem lebt er – inzwischen als Privatier – in seinem alten Domizil Großhadern. Seit 1970 ist er verheiratet.

Wollte ich meinen Schulfreund „Tom" – er heißt natürlich ganz anders – irgendwohin wünschen, wo nicht der Pfeffer wächst, so würde ich ihn auf die Insel Ponza schicken oder eventuell an die Costa Smeralda von Sardinien. Am liebsten würde ich mich allerdings mit ihm in einer Kneipe in Trastevere treffen. Und dann setzt sich plötzlich Mario Adorf an unseren Tisch. Obwohl T. und ich diesen grandiosen Schauspieler sehr schätzen, stört er heute ein wenig. Ziemlich penetrant weist er uns nach, dass man unbedingt in Rom leben muss. Doch er findet weder bei mir noch bei T. Resonanz.

Es ist nämlich so: T. wird bis zu seinem Lebensende in seiner Höhle in München-Großhadern bleiben.

Vera W. (Jahrgang 1979)

Die Ausgangslage von Vera ist die nämliche wie bei ihrer 18 Monate älteren Schwester C., die bereits vorgestellt wurde. Ein Unterschied besteht insofern, als sie bei einer Hausgeburt in der elterlichen Wohnung in der Auenstraße zur Welt kam. Dieser Umstand führte dazu, dass sie nicht nur zu der Wohnung selbst, sondern zum gesamten Stadtviertel eine besonders starke emotionale Bindung entwickelte. Den Umzug nach dem Kieferngarten wollte und konnte sie lange Zeit nicht ertragen und akzeptierte ihn im Grunde nie. Noch heute schwärmt sie in höchsten Tönen vom Leben rund um die Auenstraße, wo sie zusammen mit ihrer engsten Freundin und anderen Kameradinnen die Hinterhöfe eroberte.

Die Distanz zur neuen Lebenssituation im neuen Wohnumfeld Kieferngarten mag ein Grund dafür gewesen sein, dass sie auch im schulischen Bereich in Schwierigkeiten geriet. Mehrere Schulwechsel waren die Folge. Hinzu kam, dass sich das Verhältnis zu den Eltern, besonders zum Vater zusehends verschlechterte. Im Alter von 16 Jahren verließ sie gegen den Wunsch der Eltern die gemeinsame Wohnung. Zunächst gründete sie eine Wohngemeinschaft in Untergiesing. Diese lag nur wenige hundert Meter von der alten Wohnung entfernt. Heute berichtet sie voller Nostalgie, wie sie damals sehnsüchtige Blicke dorthin warf.

Allmählich fasste sie wieder Fuß, auch schulisch. Nachdem sie in einer Realschule den mittleren Bildungsabschluss erworben hatte, wechselte sie an eine Fachhochschule, wo sie zunächst die Fachhochschulreife, ein Jahr später die allgemeine Hochschulreife erlangte. Um dieses Ziel zu erreichen, musste sie eine zweite Fremdsprache erlernen. Sie entschied sich für Spanisch. Ein Umstand, der für ihr weiteres Leben von entscheidender Bedeutung sein sollte. Von 2008 bis 2011 studierte sie an der Fachhochschule München Touristik-Management. Dieses Studium beendete sie mit dem Grad des Bachelor.

Zuvor hatte sie in Spanien ihre Sprachkenntnisse perfektioniert. Zuerst war sie in Barcelona für mehrere Monate als Au-pair beschäftigt. Obwohl sie dieser Stadt sehr große Sympathie entgegenbrachte („eine der schönsten Städte der Welt"), war ihr Barcelona nicht spanisch genug. In diesem Zusammenhang muss angemerkt werden, dass sie für die Tätigkeit als Au-pair mit ihren 28 Jahren eigentlich schon zu alt war. Außerdem waren die Arbeitsbedingungen in der Familie, in der sie angestellt war, in ihren Augen sehr unbefriedigend. Auch deshalb entschloss sie sich zu einem Wechsel nach Madrid. Da ihre Eltern, die sie seit dem Auszug aus der gemeinsamen Wohnung großzügig finanziell unterstützt hatten, nun dies nicht mehr fortsetzen wollten, musste V. für den Großteil der Kosten ihres Aufenthalts in Madrid selbst aufkommen. Durch verschiedene Jobs, besonders in der Gastronomie, gelang ihr dies, wenn auch mühsam.

Anlässlich einer Beschäftigung in einem Madrider Edelrestaurant lernte sie einen Mann kennen, der sich zum einen als sehr fürsorglich erwies und der sie zum anderen in die Geheimnisse von Madrid einführte. Der sehr großzügige Freund, ein Selfmademan reinsten Wassers, der sein Geld auf nicht sehr durchschaubare Weise verdiente, führte sie in die feinsten Cafés und Restaurants. Auch zahlreiche Auslandsreisen unternahmen sie zusammen. Außerdem integrierte er sie in die eigene Großfamilie – als über 40-Jähriger lebte er wieder in der elterlichen Wohnung.

Gegenüber der eigenen Mutter war er ein echter *hijo de mama*. V. wurde in der Familie äußerst freundlich aufgenommen. Zu den kleinen Kindern des Bruders und der beiden Schwestern ihres Freundes war sie wie eine Tante und Spielgefährtin. Man rechnete in diesem Kreis fest damit, dass sie die zukünftige Schwiegertochter sein würde.

Obwohl sich die Beziehung zu ihrem Freund aus verschiedenen hier nicht zu diskutierenden Gründen als sehr problematisch herausstellen sollte (ein Grund war die räumliche Trennung, V. hatte ja inzwischen ihr Studium in München aufgenommen), dauerte sie noch einige Jahre. Seit der endgültigen Trennung hat sich ein freundschaftlicher Kontakt erhalten.

Grundsätzlich hat Vera zu Madrid (und Spanien generell) ein sehr tiefes, emotionales Verhältnis entwickelt. Dieses wurde durch ein Praxissemester in Madrid wiederbelebt. Wenn man sie heute danach befragt, ob sie sich ein Leben in Spanien hätte vorstellen können, so fällt ihre Antwort zwiespältig aus.

Wolfgang G. (Jahrgang 1946)

Wolfgang wurde in Ansbach geboren. Dieser Geburtsort ist jedoch nur zufällig; die Mutter aus Sigmaringen und der Vater aus Nürnberg waren in der fränkischen Metropole ausgebombt worden. Nach Kriegsende wurde in Nürnberg in der Innenstadt im Gartengelände des vormaligen bürgerlichen Ambientes ein „Behelfsheim" auf 50 Quadratmetern errichtet – für zwei Eltern, drei Kinder und zwischenzeitlich auch einen Opa.

Zum Zeitpunkt seiner Geburt waren beide Eltern 25 Jahre alt. Der Vater stammte aus einer Hoteliersfamilie in Pforzheim, die Mutter aus einer Mühle an der Donau in Laiz bei Sigmaringen. Der Vater, nach dem Kurzabitur in den Krieg einberufen, bald verwundet und deshalb in Sigmaringen im Lazarett gelandet, studierte dann von dort aus, nach Tübingen pendelnd, Sozialwissenschaften. Später in Nürnberg schaffte er es trotz Familienstress und Geldproblemen, im Wissenschaftssystem Ehren zu erlangen und zum Dr. oec. promoviert zu werden.

Beide Welten, das Katholische in Sigmaringen (wo W. sich im Kindergarten sehr über die Inszenierung mit allem Brimborium zum Nikolaus freute) und dann den Kindergarten im nüchternen protestantischen Nürnberg, erlebte W. primär aus dem Blickwinkel, ob die Erzieherinnen ihn so akzeptierten, wie er war und ob es Mädchen gab (erst in Nürnberg), von denen er erhoffen konnte, einige freundliche Schritte neben ihnen zum Kindergarten zu gehen.

Mit 12 Jahren wollte W. Bauer werden. Viele Ferien mit der Familie auf dem Land mit aktivem Einsatz bei der Ernte haben diesen Wunsch geprägt. Die väterlicherseits gestellte Frage: Landwirt ohne Grundbesitz? hat dann aber doch die universitäre Perspektive gestärkt. Nach der Gymnasialzeit in Nürnberg ging Wolfgang nach München, um Soziologie zu studieren. Über die Motive, was die Wahl des Studienortes und des Studienfachs betraf, war er sich im Klaren.

München, meine Stadt

Von Bernhard Schoßig

Ich bin zwar kein gebürtiger Münchner, aber München ist meine Stadt, in der ich inzwischen fast ein halbes Jahrhundert lebe. In Berlin geboren und dort die ersten Kindheitsjahre verbracht, danach in Westfalen und dem westfälischen Teil des Ruhrgebiets, bin ich nach dem Abitur zum Studium nach München gegangen und dort bis heute geblieben. Warum München?

In der Nachkriegszeit mussten meine Eltern berufsbedingt die Metropole Berlin mit der westfälischen Provinz vertauschen. Das Selbstverständnis als weltoffene Großstädter, die es nur umständehalber in den Ruhrpott verschlagen hatte, blieb dabei immer erhalten und hat sich auch auf meinen Bruder und mich übertragen. Deshalb war es ganz selbstverständlich, zum Studium weit weg und in eine Großstadt zu gehen. Da Berlin wegen seiner Insellage während des Kalten Krieges und auch wegen restriktiver Zulassungsbedingungen beim Studium wenig attraktiv erschien und mich nichts in den Norden, nach Hamburg, zog, blieb im Grunde nur München übrig, zumal auch schon mein älterer Bruder diesen Weg eingeschlagen hatte. Dass diese Wahl des Studienortes auch eine Entscheidung auf Dauer, eine Lebensentscheidung werden sollte, war damals nicht abzusehen. Zunächst waren damals vor allem die besondere Lebensqualität der Universitätsstadt, die Ausflüge zu den Seen des Alpenvorlandes und in die Berge sowie die vielfältigen kulturellen Angebote – eine Aufzählung, die sich beliebig fortsetzen lässt und allgemein bekannt ist – ausschlaggebend.

Weshalb nun München meine Stadt wurde: Es gelang mir, hier dauerhaft beruflich Fuß zu fassen. Zwar war mir am Ende des Studiums klar, dass ich möglicherweise in München keine Arbeit finden würde und deshalb woanders hingehen müsste, aber diese Notwendigkeit hat sich nicht ergeben – glücklicherweise; denn ich habe eine (gebürtige) Münchnerin kennen und lieben gelernt, die gar keine Lust hatte, aus dieser Stadt wegzuziehen. Wenn ich davon spreche, dass München „meine Stadt" geworden ist, dann ist damit aber noch etwas anderes gemeint. Ich habe mir im Laufe der Zeit – teilweise berufsbedingt, überwiegend jedoch aufgrund persönlicher Interessen – die Stadt so „angeeignet", dass ich die Stadtgeschichte aus den Bauten und der Architektur „lesen" kann. Mehr noch, ich mache bis heute Führungen zu verschiedenen Aspekten der Stadtgeschichte und arbeite an historischen Ausstellungen mit. Auf diese Art und Weise ist mir inzwischen München so vertraut, dass ich die Stadt als meine Heimat betrachte (und im Übrigen den meisten „Eingeborenen" durchaus einige Lektionen erteilen kann). Zur „Heimat" gehört auch das ganze soziale Netz: die privaten und beruflichen Beziehungen zu Freunden, Kollegen/innen, Bekannten, die sich im Laufe eines halben Jahrhunderts entwickelt haben.

Nun hat München sicher nicht nur positive Seiten. Schon Lion Feuchtwanger hat in seinem München-Roman *Erfolg* eine Reihe weniger sympathischer Züge der „Stadt vor den Bergen" beschrieben. Manches von der dumpfen Atmosphäre lässt sich auch heute vorfinden. Aber ein Föhntag mit strahlend blauem Himmel, eine Lesung im Kulturzentrum der Israelitischen Kultusgemeinde, Opernaufführungen im Nationaltheater und in der Pasinger Fabrik, die Bavaristische Ringvorlesung im Audimax, das Museumsviertel, der Englische Garten und die Biergärten und vieles, vieles mehr für ganz unterschiedliche Interessen: es ist durchaus ein Glück, in dieser Stadt zu leben. In diesem Sinne streiche ich auch immer den bronzenen Löwen vor der Residenz über die Nasen, wenn ich an ihnen vorbeigehe; denn sie gehören zu „meiner Stadt".

Ortsbezogen

Von Claudia Fenster-Waterloo

Obwohl ich ihn nicht selbst ausgesucht habe, ist mir mein allererster Wohnort sehr ans Herz gewachsen. Als Kind habe ich gern „am Schießplatz" gewohnt. Dass München („die Stadt") nicht weit (aber doch zu weit) weg war, wurde mir erst später wichtig.

Der Schießplatz (das heutige Naturschutzgebiet „Fröttmaninger Heide") wurde mein Abenteuerspielplatz, wenn auch anfangs unter städtischer Aufsicht. (Ja, dort, wo in diesem Jahrhundert zeitweise Betretungsverbot herrschte wegen angeblich im Boden verbuddelten Munitionsresten, hat die Stadt München in den 50er und 60er Jahren einen Ferienspielplatz unterhalten!) Wenn die Amis mit ihren Panzern auf nämlichem Schießplatz herumrasten, dass es nur so staubte, oder wenn der Santa Claus mit dem Hubschrauber dort landete, um die deutschen Kinder an Cadbury's Schokolade zu gewöhnen, dann spürten auch die ganz Kleinen, dass der Platz, der Schießplatz, ein ganz besonderer Ort war. Wo sonst fand man Patronenhülsen (leere und volle) neben Schafscheiße und phosphorweißen Panzerruinen?

Während einer Krise (Kuba oder Korea war egal) malte ich mir aus, dass ich zu Fuß zu meiner Oma ins Allgäu laufen (!) würde, wenn die Kaserne in unserer unmittelbaren Nachbarschaft angegriffen zu werden drohte. Die Oma wohnte „auf dem (Hartmanns-)Berg" zwischen Kühen und Heuwiesen. Dort war es fast noch schöner als am Schießplatz, aber nur fast.

Als ich dann in die Schule musste oder nach Schwabing wollte, merkte ich erst, wie weit „draußen" der Schießplatz lag. Wenn mich jemand fragte, sagte ich, im letzten Haus vor der Stadtgrenze wohne ich. Und irgendwie stimmte das: zwischen unserem Haus und der nördlichen Stadtgrenze wohnte niemand außer Kaninchen und Lerchen. So ein langer Schulweg hatte aber auch Vorteile. Zum Beispiel wurde mir von der Schule ein Passierschein ausgestellt, sodass es nichts ausmachte, wenn ich ein bisschen zu spät kam in der Früh. Die Busse waren auch damals schon unzuverlässig ...

Später fuhr ich mit dem Fahrrad in die Schule. Aber jeden Tag zwölf Kilometer radeln, das gab dicke „Wadeln"! Und weil das die Heiratschancen schmälerte, bekam ich irgendwann ein Solex, ein französisches „Fahrrad mit Hilfsmotor". Was für ein Gefühl der Freiheit, Freiheit vom Busfahrplan! Aber sobald ich den Führerschein hatte, tauschte ich das Solex gegen einen Fiat 600 ein – und fuhr ihn ein Jahr später zu Schrott. Das wäre nicht passiert, wenn ich in Schwabing gewohnt hätte, denn dort hätte ich ja gar kein Auto gebraucht! Mein Auto war natürlich Gift für meine Ortsbezogenheit. Denn wo immer ich hinfuhr, hätte ich bleiben wollen: in den Bergen und am Meer, in Island genauso wie in Italien. (Nur in Grönland und in der Türkei stellte sich dieses Gefühl nicht ein.) Fast überall war es damals schöner als daheim.

„Daheim" war für mich dann ab 1973 nicht mehr das Elternhaus, sondern ein Reihenhaus im noch weitgehend unbewohnten Olympiadorf. Nur ein Jahr hielt ich mich in der „Sozinadiwoge" auf (mit fünf Männern und dem Dackel Onkel Herbert). Dann rief mich die Fremde. Wiederum ein Jahr verbrachte ich an der schottischen Westküste und erwog allen Ernstes, für immer in Oban zu bleiben, einem kleinen Städtchen mit viel Natur drum herum und lieben Menschen. Die Lust, Deutsch zu sprechen und mit meinen vertrauten Freunden zu flachsen, trieb mich aber dann doch wieder nach München, wo ich allerdings unter argen Eingewöhnungsproblemen litt: Was für ein entfremdetes Leben die Leute doch hier führten, wenn sie zwischen Lärm und Gestank nach Ruhm und Reichtum strebten! Damit wollte ich nichts zu tun haben. In dieser Phase wurde der Wunsch, die Stadt zu verlassen, immer stärker. Wenn ich meine Eltern „am Schießplatz" besuchte, begann ich die Idylle dort zu genießen: die Ruhe, die Obstbäume, die Menschen, die sich tatsächlich noch kannten. Freunde gründeten eine Familie und zogen aufs Land. Blieb mir als Single das verwehrt?

Nein, denn ich blieb nicht ewig Single, sondern fand einen Mann mit Wochenendwohnung auf dem Lande (er hat noch andere Vorzüge). Dort ließ sich's so gut leben, dass ich mit fliegenden Fahnen (und einem Baby im Bauch) hinauszog nach Steingaden, ins Zentrum des bayerischen Katholizismus, wo die Berge nicht zu nah und nicht zu weit weg waren und die Grundstücke erschwinglich. Anderthalb Stunden dauert die Fahrt mit Bus und Zug nach München, „in die Stadt", die uns wichtig blieb, aber wo wir nur hinfuhren, wenn wir mussten. Vieles fanden wir auch da „draußen“, Theater und Musik, Freunde und mehr Beschäftigungsmöglichkeiten als Freizeit. Die Kinder hatten wie ich einen langen Schulweg: 45 Minuten Busfahrt, aber mit Blick auf die Berge.

Nie allerdings habe ich den Kontakt zum „Schießplatz“ verloren, und zwar nicht nur, weil meine Eltern dort lebten. 2005 ersetzten wir das Elternhaus durch ein modernes Passivhaus und verbrachten immer mehr Zeit dort.

Nach fünfundzwanzig Jahren Ruhe und Idylle auf dem Lande bin ich nun auch oft in der Stadt, ohne es zu müssen. Vom Schießplatz, dem Ort der Ruhe und Idylle, hat es mich nach Steingaden verschlagen, und wer weiß, vielleicht kehre ich eines Tages wieder ganz zurück.

Es ist weniger der Ort, zu dem ich mich hingezogen fühle, als die Lebensbedingungen und die Menschen, die dort leben. Und Letztere sind es, die einen Ort einzigartig machen, denn Ruhe und Idylle gibt's an vielen Orten.

Mein Leben

Von Pilar Alegre

Geboren bin ich im Jahr 1964 in Barcelona als Tochter einer Hausfrau und eines Mechanikers. Mein Vater war dafür zuständig, durch seine Arbeit eine risikolose Zukunft zu sichern, meine Mutter, ihren zwei Kindern die größtmögliche akademische Ausbildung zu bieten. Beiden bin ich aus ganzem Herzen dankbar, mir die Möglichkeit gegeben zu haben, andere Lebensweisen kennenzulernen, die sich teilweise von unserer eigenen sehr unterschieden.

Die Schulen, die ich besucht habe, waren alle privat, da die öffentlichen Schulen in Spanien zu dieser Zeit keinen guten Ruf genossen. Ich spielte Basketball, lernte Fremdsprachen und die ersten Jungs kennen. Auch wenn ich die katalanische Sprache schon seit meiner Kindheit gehört hatte, beschloss ich erst mit 21, diese auch zu sprechen.

Schon immer war es mein Traum, ins Ausland zu reisen. Wenn man bedenkt, was eine durchschnittliche Spanierin in meinem Alter zu dieser Zeit machte, verwirklichte ich diesen Traum schnell. Mit 22 war ich in einem Kibbuz in Israel und nach meinem Pädagogikstudium verbrachte ich ein Jahr als Au-pair in New-York. Nach meiner Rückkehr arbeitete ich zunächst als Verkäuferin in einer Edelboutique und als Sekretärin, bis ich schließlich nach der Teilnahme im Auswahlverfahren für den öffentlichen Dienst eine Stelle an einer Sonderschule bekam.

1992, im Jahr der olympischen Spiele in Barcelona, lernte ich meinen jetzigen Mann Franz kennen. Nachdem dieser zwei Jahre lang in Spanien gearbeitet hatte, stand er zu diesem Zeitpunkt kurz vor seiner Rückkehr nach Deutschland. Im folgenden Jahr pendelten wir zwischen Spanien und Deutschland und sahen uns dadurch ungefähr alle zwei Wochen, bis wir uns schließlich zur Heirat entschieden. Ich bin immer noch sehr dankbar, ihm damals begegnet zu sein.

In München kam ich ohne jegliche Deutschkenntnisse an. Zwar war es mir damals noch nicht bewusst, jedoch war genau diese Sprachbarriere der Grund dafür, dass ich mich nicht völlig ausleben konnte. Wir be-

kamen zwei Töchter, und auch wenn ich teilweise als „Rabenmutter"
bezeichnet wurde, fing ich schon einige Monate nach ihrer Geburt an
zu arbeiten. Zunächst war ich in einem Montessori-Kindergarten angestellt, bis ich später anfing, Spanischunterricht zu geben. Ich durchlief
alle Institutionen, in denen man diese Sprache unterrichten kann
(Volkshochschule, Grundschule, Gymnasium, Universität, Instituto
Cervantes). Momentan arbeite ich aus persönlichen Gründen sehr wenig mit nur einer Gruppe an der LMU. Dafür widme ich mich ehren-
amtlich einer spanischen Familie, die aus finanzieller Not ohne jegliche
Deutschkenntnisse und Arbeitsstelle nach München kam.

Ich musste in meinem Leben einige schwierige Situationen und Schick-
salsschläge durchmachen. Jedoch lasse ich diese unerwähnt, da ich
nicht möchte, dass sich meine Geschichte wie eine Telenovela anhört.
Allerdings habe ich auch viel Wunderbares erleben und fühlen dürfen,
was ich jedoch auch nicht weiter ausführen will, damit meine Darstel-
lung nicht schnulzig wird.

Kapitel 3

Mitarbeiter der Geschichtswerkstatt Neuhausen suchen und finden den emotionalen Zugang zu ihrem Stadtviertel. Vorbemerkungen

Wir können mit Fug und Recht davon ausgehen, dass der Erwerb einer Zeitschrift, die zuverlässig zweimal im Jahr über das eigene Stadtviertel berichtet, etwas aussagt über den engen emotionalen Bezug zu eben diesem Stadtviertel.

Die Mitarbeit in einem Geschichtsverein bringt einen sehr hohen Grad der engen Verbundenheit der Mitarbeiter mit dem von ihnen „beackerten" Areal zum Ausdruck. Es erscheint sinnvoll, den von den Zeitschriftgestaltern bevorzugten Bereich von ihnen selbst darstellen zu lassen. In unserem Fall handelt es sich um den Münchner Stadtteil Neuhausen sowie die aktiven Mitglieder der „Geschichtswerkstatt Neuhausen", die auf den folgenden Seiten ausführlich über das uns interessierende Thema zu Wort kommen. Zuvor jedoch wird dieser „bevorzugte" Gegenstand in seiner charakteristischen Entwicklung dargestellt.

Über die Entwicklung Neuhausens vom Bauerndorf zum Großstadtviertel und über die Blasn von Neuhausen

Von Franz Schröther und Bernhard Winterer

Woody Allen ist nicht der Stadtneurotiker von New York, sondern der von Manhattan.

Genau betrachtet, kann man in New York gar nicht leben. Man lebt und wohnt in Harlem oder der Bronx, in Staten Island oder Queens. Für Augsburg mag es keinen Unterschied machen, ob man nun in Pfersee lebt oder in Göggingen (das sehen die Pferseer und die Gögginger sicherlich anders). Aber schon für München gilt: Es macht sehr wohl einen Unterschied, ob man in Schwabing seinen Wohnsitz hat, in Giesing, an der Menterschwaige oder am Hasenbergl. Diese Aussage bedarf keinerlei Ausführung.

Oder man lebt in Neuhausen. Über diesen Standort, insbesondere seine Qualität als Gegenstand emotionaler Ortsbezogenheit, wollen wir uns im Folgenden auslassen. „Wir", das sind zunächst einmal Franz Schröther und Bernhard Winterer, die eine allgemeine Einführung in die Entwicklung von Neuhausen geben. Dann kommen aktive Mitarbeiter der Geschichtswerkstatt Neuhausen mit Eigenvorstellungen zu Wort. Sie äußern sich quasi unter der Hand über ihre emotionale Ortsbezogenheit zum Stadtviertel. Der Clou bei der Geschichte ist, sie haben sich dazu geäußert, schon lange bevor die Idee zum vorliegenden Buch überhaupt zustande kam, und zwar mit ganz anderer Absicht. Sie wollten sich anlässlich des 20. Geburtstages der Geschichtswerkstatt Neuhausen in der vereinseigenen Zeitschrift *Neuhauser Werkstatt-Nachrichten* erstmals für ihre Leser identifizierbar vorstellen. Und obwohl, wie gesagt, das Motiv für diese Selbstdarstellungen ein ganz anderes war, konnten die Texte praktisch vollständig und wörtlich für dieses Buch übernommen werden.

Im Anschluss daran werden Erika Dichtl, Karl Königsbauer und Achim Feldmann bestimmte Aspekte ihres Verhältnisses zu ihrem Stadtviertel beleuchten.

Um einem potentiellen Einwand gleich die Spitze zu nehmen: Natürlich hätten sich die geschilderten Erlebnisse so ähnlich auch in anderen Münchner Stadtvierteln zutragen können. Aber Erika Dichtl hat ihr himmelblaues Sommerkleid mit den weißen Tupfen ihren Freundinnen (und natürlich den Boys vom Rio) an der Bennosäule vorgeführt, nicht am Lenbachplatz. Und alle, alle Beteiligten waren Neuhauser.

That makes a big difference!

Doch zunächst einige grundlegende Informationen: Der IX. Münchner Stadtbezirk, zu dem neben Neuhausen noch Nymphenburg und Gern gehören, hat in den letzten 140 Jahren eine rasante Entwicklung hinter sich gebracht. Das ehemalige Bauerndorf Neuhausen, das in der Mitte des 19. Jahrhunderts noch abseits an der Peripherie der Haupt- und Residenzstadt gelegen war, verdankte die explosionsartige Steigerung seiner Bevölkerung (1885 wohnten in Neuhausen lediglich 9.522 Personen, um die Jahrhundertwende waren es 20.000) der Etablierung von zwei Institutionen, die für die fortschreitende Industrialisierung sowohl unabdingbare Voraussetzung als auch Ausdruck war. Eisenbahn und Post hatten entlang der Arnulfstraße ihren Standort. Und auch wichtige Produktions- und Reparaturbetriebe, die der Post und Bahn zuarbeiteten (wie etwa die Zentralwerkstätten) waren dort angesiedelt. Um die in großer Zahl von auswärts zuströmenden Arbeitskräfte unterzubringen, wurden zahlreiche Wohnungen in Baugenossenschaften errichtet, ein Umstand, der das Viertel auch heute noch stark prägt, zumindest in den Arealen zur Arnulfstraße hin.

1890 kam es zur Eingemeindung Neuhausens in München, 1899 sollte Nymphenburg folgen. Die unaufhaltsame Urbanisierung rief zahlreiche Spekulanten auf den Plan, die sich zu Recht hohe Renditen versprachen. Auch viele Bauernfamilien, die ihre Äcker und Wiesen für horrende Summen als Bauland verkauften, kamen zu Wohlstand, manche zu Reichtum. Geradezu legendär ist in diesem Zusammenhang der verschwendungssüchtige „Neuhauser Millionenbauer" Lorenz Hauser, der Besitzer des Strohmeierhofes an der Winthirstraße 4. Ihm gehörten 60

106

Hektar Land, das vor allem zwischen dem Rotkreuzplatz und dem Hirschgarten lag, dies entsprach rund 12 Prozent der Gesamtfläche Neuhausens.

Neuhausen war nunmehr der 21. Stadtbezirk von München, dem auch Nymphenburg und Gern zugeschlagen wurden. Die Sozialstruktur wandelte sich komplett. Neuhausen nahm immer mehr den Charakter eines Proletarierviertels an. Die Arbeiter strömten massenhaft aus den ländlichen Regionen in das ehemalige Bauerndorf. Der überwiegende Teil dieser Zuwanderer kam aus Niederbayern. Um der Isolation in der Großstadt zu entgehen, schlossen sich viele dieser Menschen Vereinen an, die oft nach Landsmannschaften gegliedert waren. In Neuhausen gibt es noch heute eine ganze Reihe von Traditionsvereinen, die in jener Zeit gegründet worden waren. Im Verlauf des Zuzugs kam es allmählich zu einer Durchmischung der Sozialstruktur. Die Staatsunternehmen Bahn und Post benötigten nicht nur Handarbeiter, sondern für die Aufrechterhaltung ihres Betriebes auch höher qualifiziertes Personal wie Zugführer, Schaffner, Schalterbeamte, Briefträger etc. Viele der Zuzügler, meist aber deren Söhne, nutzten die Chance zu sozialem Aufstieg in den einfachen Beamtendienst. Dieser bot zwar nur ein niedriges Einkommen, aber soziale Sicherheit und Aufstiegschancen in den mittleren Dienst. Die Folgen dieser Entwicklung in Neuhausen, wo sich diese Berufsgruppen ballten, waren Entproletarisierung und Verkleinbürgerlichung der Bevölkerung. In einer solchen Gemengelage nahmen auch die Arbeiter kleinbürgerliche Attitüden an. Das Leben in den Genossenschaftssiedlungen war geprägt von dieser kleinbürgerlichen Kultur, die sich zwischen großzügiger Nachbarschaftlichkeit und engmaschiger sozialer Kontrolle abspielte. In Krisenzeiten bildet ein solcher Hintergrund immer auch einen fruchtbaren Nährboden für rechtsradikale Tendenzen. Dies lässt sich an den Wahlresultaten in Neuhausen während der Zeit der Weimarer Republik ablesen. Diesem Zusammenhang soll an dieser Stelle nicht weiter nachgegangen werden, weil er für die uns interessierenden Gegenstände nur indirekt von Bedeutung ist. Immerhin ist er aber für die Skizzierung von Milieu und Lokalkolorit relevant.

Nach dem Zweiten Weltkrieg änderte sich die soziale Zusammensetzung Neuhausens. Zwar wurde der überwiegende Anteil der Wohnbevölkerung von Arbeitern, Handwerkern, kleinen Gewerbetreibenden und Beamten aus dem einfachen Dienst gestellt. Doch allein der Zuzug der vielen Flüchtlinge führte zu einer gewissen Entflechtung der Milieus. Dies hatte freilich noch andere Gründe. Darauf wird einzugehen sein.

Es bedeutet aber nicht, die Milieus hätten in der Nachkriegszeit keine Rolle mehr gespielt. Das trifft vor allem für die Jugendkultur zu. Hier sind proletarische und „bürgerliche" Welten noch streng geschieden. Kinder aus der Unterschicht hatten so gut wie keine Chance, eine höhere Schulbildung zu erlangen. Der Mitautor hatte unter den Dutzenden von Mit-„Ober"-Schülern eine einzige Klassenkameradin, deren Vater Hilfsarbeiter war.

Im Folgenden stützen wir uns auf die bestens recherchierte Veröffentlichung der Geschichtswerkstatt Neuhausen *Vom Rio zum Kolibri – Halbstark in Neuhausen. Jugendkultur in einem Münchner Stadtteil 1948–1962*. In diesem facettenreichen Band wird auch direkt und indirekt Bezug genommen auf die Themen, die uns hier interessieren: den lokalen Ortsbezug, die Loyalität zum unmittelbaren Wohnumfeld, den stark affektiv besetzten Verhaltensmodus, der sich typischerweise im Viertel durchsetzt usw.

Ein typisches Merkmal der Jugendlichen in den 50er Jahren war, dass sie sich an öffentlichen Plätzen und Straßenecken trafen. Dies war allein schon durch die Größe der Gruppen bedingt. Ein Treffen in Wohnungen hätte aus Platzgründen nicht stattfinden können. Außerdem konnten sich die Jugendlichen nur durch ihr öffentliches Treiben in Szene setzen und ihre Lebensart praktisch vorführen, was ein wesentlicher Bestandteil dieser Jugendkultur war. Darüber hinaus brachte dieses „Outdoor"-Leben für die Jugendlichen noch den Vorteil mit sich, dass sie so dem engen Elternhaus entfliehen konnten. Selbstverständlich gab es solche Verhaltensweisen in den meisten deutschen Städten und in den meisten Münchner Stadtteilen. Wir werden uns aber in diesem Kapitel auf Neuhausen konzentrieren.

Sehen wir uns die Verhältnisse rund um den Rotkreuzplatz genauer an. Dieses Zentrum Neuhausens war natürlich die bevorzugte „Aufmarschmeile" der Halbstarken. Bereits in den 30er Jahren wurde der Platz von den Jugendlichen „Rio" genannt. Dieser „Spitzname" hat sich bis in die 60er Jahre hinein gehalten. Heute wird er nicht mehr benutzt und gerät langsam in Vergessenheit. Der Platz hatte in den 50er Jahren noch ein völlig anderes Aussehen. Das Schwesternhochhaus des Roten Kreuzes existierte noch nicht und an der Stelle des Kaufhofs standen alte einstöckige Häuser mit Ladengeschäften. Auch die heutige verkehrsberuhigte Zone mit Brunnen war noch nicht vorhanden. In der Platzmitte stand auf einer Verkehrsinsel das Trambahnhäuschen und vor den Behelfsbauten an der Südseite des Platzes, dem heutigen Hotel „Rotkreuzplatz", befand sich der Taxistand. Die Eisdiele Sarcletti war noch ein Kiosk und neben der Winthirapotheke befand sich die Gaststätte „Reichsadler". Dieser belebte Platz eignete sich als Sammelpunkt hervorragend, boten sich doch hier viele Möglichkeiten sich auszutoben, Macht zu zeigen, die Erwachsenen zu provozieren und die Halbstarkenmode zu präsentieren. Die Rios machten all diese Orte gewissermaßen zu ihrem Spiel- und Wohnzimmer.

Natürlich trafen sich die Halbwüchsigen nicht nur am „Rio". Jedes Quartier hatte eigene Halbstarken-Treffpunkte. Der Parkplatz an der Ecke Jutastraße/Leonrodstraße, die Volkart- und die Blutenburgstraße sowie das Gelände der ehemaligen Max-II-Kaserne erfreuten sich großer Beliebtheit bei den Jugendlichen, weil sich diese Treffpunkte ohne Frage eigneten, mit dem Moped oder Motorrad zu erscheinen bzw. anzugeben. Es gab damals auch die Tischtennishalle beim Autohof auf dem Gelände der früheren Max-II-Kaserne an der Ecke Albrecht-/Leonrodstraße. Außer den Fernfahrern verkehrten hier nur Neuhauser Halbwüchsige. Total im Griff hatten die Neuhauser Halbstarken das Frühlingsfest auf der sogenannten Lacherschmidwiese zwischen der Landshuter Allee, der Volkart- und der Leonrodstraße. Die Anfahrt war kurz und man konnte mit dem Moped bis zum Auto-Scooter vorfahren. Zum „Anmachen" oder „Aufreißen" eines „steilen Zahns" eignete sich gerade dieses Fest. Gleiches ist über das Magdalenenfest in Nymphenburg zu sagen. Durch die damals einsetzende Motorisierung wurden auch Tankstellen zu bevorzugten Aufenthaltsorten. Nicht mehr am „Rio", sondern beim Lorinser neben dem Kino „Atrium" oder beim Gruber am Grünwaldpark traf man sich nun, um über die Mopeds und Motorräder zu fachsimpeln und bei einer „Stehhalben" kleinere Reparaturen durchzuführen. Manchmal gab es dabei Ärger, Riesenärger, richtigen Zoff. Dann hatte bestimmt die berüchtigte Rio-Blasn die Hände mit im Spiel. Diese Burschen empfanden sich als „Herrscher von Neihausen". Was hat es damit für eine Bewandtnis? Und was, bitteschön, soll eine „Blasn" sein?

Auch die Mitglieder der Blasn und vergleichbare Gruppen waren von einem starken Widerspruchsgeist geprägt, der sich in ihrem Auftreten, in ihrem ganzen Gehabe ausdrückte. Sie wollten sich sehr bewusst von der Welt der Erwachsenen abgrenzen und damit generell von der „bürgerlichen" Ordnung, hatten keinerlei politischen Anspruch – und sei er noch so verkappt. Die Blasn sind keine Frühform der späteren Protestbewegungen. Bei den Schwabinger Krawallen von 1962, die auch oft dieser Traditionslinie zugerechnet werden, hätten die Rios und ihre Genossen von den anderen Blasn vermutlich mitgemischt allein des Remmidemmis wegen, aber da war die große Zeit der Blasn schon vorbei.

Den Begriff „Blasn" haben wir in diesem Text etwas unbedacht gleichgesetzt mit „Halbstarke". Das müssen wir doch ein wenig präzisieren. Die Blasn waren ganz eindeutig proletarischen Zuschnitts, während es Halbstarke in allen Blasn gab, mit anderen Worten, zwar waren alle Mitglieder einer Blasn Halbstarke, aber keineswegs alle Halbstarken gehörten einer Blasn an. Natürlich gab es auch Gymnasiasten, die sich einer Blasn anschlossen. Diese (wenigen) wurden aber nur geduldet, wenn und weil sie sich den Regularien der Blasn völlig anpassten und nicht, wie auf anderen Gebieten selbst stilbildend wirkten. – Ein weiteres Differenzierungsmerkmal: Halbstarke gab es unabhängig von der Ortsgröße in der ganzen Republik, ein paar vielleicht sogar in Altötting und vielleicht einen im hinterletzten Weiler im Bayerischen Wald. Blasn hingegen sind ganz eindeutig ein Phänomen der Großstadt. Vergleichbare Gruppen trieben natürlich auch in anderen großen deutschen Städten ihr Wesen und Unwesen. (Ob es über den Namen hinaus etwas München-Spezifisches gab, wäre ein reizvoller Untersuchungsgegenstand. Oder gar etwas Neuhausen-Spezifisches an den Rios. Eine solche Untersuchung können wir im Rahmen dieses Buches natürlich nicht leisten.) Vergleichbaren Rabatz machten Jugendliche in Berlin und Hamburg, aber auch im Ruhrgebiet und in Köln.

Doch zurück zu den Münchner und Neuhauser Blasn. Einige von ihnen brachten es zu einer gewissen örtlichen oder regionalen Berühmtheit, als die Presse im Jahr 1956 über sie berichtete. Spitz-, Anker- oder Pfennig-Blasn konnte man auf den ersten Blick keinem Stadtviertel zuordnen, während Bahnhofs-, Fallmerayer-, Brudermühl- oder West-end-Blasn schon auf Grund des Namens topographisch einzuordnen waren.

In Neuhausen gab es die nach dem Rotkreuzplatz benannte Rio-Blasn, die man verkürzt, wie einen Markenartikel, „die Rio" nannte. (Der feine Unterschied zwischen dem Rotkreuzplatz, genannt „der Rio", und der Blasn, die „die Rio" hieß, mag für Nicht-Neuhauser etwas verwirrend erscheinen, ist aber für das allgemeine Verständnis nicht weiter von Belang.) Übereinstimmend wird die Rio-Blasn als die wohl am besten organisierte und damit schlagkräftigste und gefürchtetste Halbstarken-gruppierung in München bezeichnet. Die *Münchner Stadtzeitung* brach-te am 9. März 1956 einen Bericht, in dem es hieß: „Während des Drit-ten Reiches hat es einige Blasen gegeben, die es zu trauriger Berühmt-heit gebracht haben. Sie waren straff organisiert." Allerdings konnte für diese Behauptung bislang kein Beweis erbracht werden. Auch die Mit-glieder der ersten Nachkriegsgeneration der Rio-Blasn wissen nichts davon, dass es eine gleichnamige Vorgänger-Blasn gegeben haben soll. Die Geschichte der Rio-Blasn aufzuzeigen ist schwierig, weil es in der Zeit von 1949 bis etwa 1960 mehrere Generationen von Mitgliedern gab und weil es sich nicht um einen homogenen, geschlossenen Verein handelte, sondern um eine lose Gruppe.

Schon kurz nach der Währungsreform, etwa ab 1949, entstand die „Rio", deren Mitglieder sich meist von der Schule her kannten. Wer nicht aus dem Kreis der ehemaligen Schüler stammte, stieß meist in Neuhauser Gaststätten zur „Rio". Viele Mitglieder der Rio-Blasn stammten aus den Eisenbahner-Haushalten und aus der Gewofag-Siedlung Neuhausen und ähnlichen Wohnbaugenossenschaften. Die Mitglieder der ersten Generation, die den Ruf der Blasn begründeten, gehörten den Geburtsjahrgängen 1930 bis etwa 1935 an, sie waren also zwischen 15 und 20 Jahre alt. Es handelte sich durchwegs um Lehrlinge oder Arbeiter, von denen damals mehrere arbeitslos waren. Natürlich gab es einen „Boss" oder „Anführer", der jedoch nicht gewählt oder bestimmt worden war, sondern der aufgrund seines Auftretens oder seines Alters von den anderen respektiert wurde. Der Soziologe merkt an: er besaß also keine formale Legitimation, sondern übernahm seine Rolle wegen seiner charismatischen Ausstrahlung. Sie verlieh ihm das Vorrecht des Älteren oder Stärkeren oder des finanziell Potenteren oder was auch immer zu seinem herausgehobenen Status führte. Ging es zum „Aufreißen", waren diejenigen vorne dran, die darin die größte Erfahrung hatten und deren Erfolgsaussichten bei den Mädchen am besten waren.

Auffallend war die ausnehmend gepflegte Kleidung, die man in einer solchen Gruppe zunächst einmal nicht erwarten würde. Sogar Krawattenträger waren dabei. Wollten die Rios ihre Väter oder ihre älteren Brüder kopieren? Der Hintergrund für die Wahl der Gewandung war ganz vordergründig: Man wollte damit den Mädchen imponieren. Bei denen hatte man es nicht leicht. Ein „anständiges" Mädchen hätte sich mit einem (erkennbaren) Blasn-Mitglied nicht abgegeben. (Auch darüber wird uns Erika Dichtl in ihrer Schilderung ihrer Zeit als Teenager berichten.) Weil bei den Blasn der Geldbeutel stets schwindsüchtig und Klamotten teuer waren, bot die damals neuartige Ratenzahlung einen Ausweg. So wie ihre Eltern für die Waschmaschine und die Polstergarnitur ihre Raten abstotterten, so taten es ihre Söhne beim Kauf ihrer Mäntel und Jacketts.

Als 1951/52 das Schwesternhaus des Roten Kreuzes an der Ecke Winthirstraße/Rotkreuzplatz erbaut worden war und im Erdgeschoß die Eisdiele „Venezia" eröffnete, hatte die „Rio", die aus etwa 20 Leuten bestand, ihren Treffpunkt gefunden: das Geländer vor der Eisdiele, das die kleine Grünanlage vor dem Eiscafé begrenzte. Hier suchte man Antwort auf die Frage: „Was mach' ma heit?" Nachdem man zunächst die Bubis aus dem Gymnasium von diesem Geländer heruntergeschmissen hatte, ging man ins Kino oder in eine Gaststätte; wenn man noch Geld hatte, auch zu einer Bierreise durch mehrere Lokale. Zum Tanzen wurde der „Sandhof" in der Blutenburgstraße, das „Allee Café", das „Kolibri" und – fast nicht vorstellbar – das „Christliche Kasino" an der Ecke Marsstraße/Dachauer Straße besucht. Natürlich bevorzugte man die moderne amerikanische Musik und tanzte Boogie Woogie, Jitterbug und Rock'n'Roll. Dabei spielte der „Aufriss", das erfolgreiche Anmachen eines Mädchens, eine zentrale Rolle. Es kam aber öfter vor, dass die Blasn den ganzen Abend vor dem „Venezia" verbrachte, weil Ebbe im Geldbeutel herrschte. Ab etwa 1953 hatte die Rio-Blasn dann ein Stammlokal. Die Gaststätte „Fasaneriehof" in der Fasaneriestraße 3c. Die „Rios" nannten sich auch „Die Raben vom Rio". Der Wirt ihres Stammlokals ließ einen Aschenbecher mit einem Raben quasi als Hoheitszeichen herstellen.

Das Revier der Rio-Blasn erstreckte sich praktisch über ganz Neuhausen. Die Südgrenze war die Donnersberger Brücke. Zu „Grenzstreitigkeiten" kam es gelegentlich mit der Blasn aus der Schwanthaler Höhe, aus denen die Neuhauser aber in aller Regel als Sieger hervorgingen.

Noch vieles ließe sich berichten aus der glorreichen Zeit der Rios. Wie sie zum Beispiel einen Faschingsball der Münchner Polizei aufmischten. Noch heute bekommen ehemalige Mitglieder glänzende Augen, wenn sie davon berichten, wie einer von ihnen einem Polizisten ein Stück Wurst vom Teller stibitzte. Da war der Teufel los. Anfang der 60er Jahre war dann Schluss mit der Herrlichkeit, wofür viele Gründe verantwortlich waren. Eine genauere Analyse ist an dieser Stelle nicht zu leisten. Als Stichpunkte mögen genügen: Der nivellierende Konsum-Standard, die vereinzelnde Wirkung des Mediums Fernsehen. Generell entzogen die Tendenzen zur Individualisierung und Entsolidarisierung Gruppen wie der Rio-Blasn den Boden.

Spricht man die Neuhauser auf diese Zeit an, erfährt man meistens irgendeine – in aller Regel – falsche Geschichte über die Rio-Blasn. In der Erinnerung werden dabei die Begriffe „Halbstarke" und Rock'n'Roll immer wieder mit dem Wort „Gewalt" in Verbindung gebracht. Aber so pauschal kann man das für die legendäre Rio-Blasn nicht gelten lassen.

Wir haben den „Rios" nun wirklich breiten Raum gelassen auf ihren Plätzen und Straßen. Aber auch andere junge (und alte) Menschen haben zu jener Zeit in den Grenzen von Neuhausen gelebt. Auch sie haben etwas zu sagen über lokale Ortsbezogenheit.

Franz Schröther – der Chef-Archäologe der Heimatgeschichte

Von Dieter Feder

(Dieser Beitrag wurde den *Neuhauser Werkstatt-Nachrichten*, Heft 29/2012, entnommen.)

Es ist wirklich seine ganze Passion, seine uneingeschränkte Leidenschaft: Wenn Franz Schröther wochenends mit lauschenden Besuchergruppen zwei Stunden lang bei Wind und Wetter seinen historischen Stadtteilspaziergang unternimmt, dann ist er fit wie ein Turnschuh. (...) In seinem geliebten Stadtviertel ist ihm kein Weg zu weit, keine Recherche zu aufwendig; seinem Taten- und Wissensdrang nach vermeintlich Vergessenem und Verschollenem bleibt nichts verborgen. Wie ein grabender Archäologe befördert Franz Schröther seit fast zwei Jahrzehnten Schicht für Schicht Unbekanntes aus der Geschichte seines Heimatviertels ans Tageslicht. Fast diebisch seine Freude, wenn er wieder mal eine bislang unbekannte Postkarte entdeckt oder ein altes Gemälde mit einem Motiv aus dem Viertel aufstöbert. Und erzählen und plaudern darüber kann er wie kein anderer. Es geht einem das Herz auf, wenn er mit seiner voll- und warmtönenden Stimme in heimeligem Münchnerisch Vergangenes so anschaulich wiederaufleben lässt, bei seinen fakten- und anekdotenreichen Stadtteilspaziergängen, aber auch in den zweiwöchentlich stattfindenden Sitzungen im Kreis seiner Werkstatt-Mitarbeiter.

Geboren 1946, aufgewachsen in der Schlörstraße, nach Hirschbergschule und Rudolf-Diesel-Realschule, begann Franz Schröther 17-jährig seine Berufslaufbahn im „mittleren nichttechnischen Postdienst“, und der Schalter im Postamt 19 in der Winthirstraße wurde sein öffentlicher Arbeitsplatz, dem er sich so verbunden fühlte, dass er gegen Ende seines aktiven Berufslebens sein erstes Buch, Von Postämtern, Postkutschen und Postboten, *dem Thema widmete.*

Obschon 1969 nach seiner Verehelichung nach Thalkirchen gezogen, blieb sein Herz im Heimat-Stadtviertel: Neuhausen, Nymphenburg und Gern gelten seine Neigung, seine Liebe, seine Interessen; hier ist sein

114

Lebensmittelpunkt als „vollehrenamtlich Beschäftigter" mit 40 bis 50 Wochenarbeitsstunden (vor Redaktionsschlüssen auch bis zu 70 Stunden), hier kennt er „einige hundert" Bewohner mit Namen und hier wird er beim Gang über den Rotkreuzplatz von vielen gegrüßt; denn der Franz ist im Viertel bekannt und beliebt. Und geehrt: mit der Medaille „München leuchtet" und der Verdienstmedaille des Bezirks Oberbayern.

Schon in der Volksschule stand einmal in der Zeugnisbemerkung, „der Schüler überrascht immer wieder durch seine Kenntnisse auf sozial- und heimatkundlichem Gebiet", und als jungem Buben hatte es ihm ein Bericht in der „Süddeutschen Zeitung" über den Neujahrsempfang des damaligen Bundespräsidenten mit den vielen Ordens- und Uniformträgern so angetan, dass sein Interesse mehr und mehr geschichtlichen Inhalten galt. Und als Franz Schröther 1993 vor einer Urlaubsreise in die Karibik das Buch „Zum Beispiel Neuhausen" kaufte, es auf dem zehnstündigen Flug durchlas und dadurch auf die noch junge Geschichtswerkstatt Neuhausen aufmerksam wurde, trat er der Werkstatt bei, schrieb seine ersten Beiträge, wurde alsbald Schriftführer und ist seit 2003 Vorsitzender des Vereins.

Franz Schröther ist eine bekannte und anerkannte Person des öffentlichen Lebens im Stadtviertel; er hält und pflegt Kontakt zu anderen Vereinen, politischen, kulturellen und kirchlichen Institutionen, ist Dauergast und Gesprächspartner im wichtigen Bezirksausschuss, man hört ihn in Gremien. Er ist gefragter Erzähler und Erklärer im Bayerischen Rundfunk und Fernsehen, Initiator wiederbelebter Bräuche wie etwa des „Wasservogelfestes". Er ist Kunstkenner und -liebhaber (Mitglied der Deutschen Rossini-Gesellschaft und damit leidenschaftlicher Belcanto-Operngänger), kennt sich aus in der Rock'n'Roll-Musik der 50er und 60er Jahre, ist Mitglied im Faschingsclub Neuhausen, im Trachtenverein „Almrausch" und im Förderverein für Kirchenmusik St. Theresia.

Aber und vor allem anderen: Franz Schröther ist unverzichtbarer Vorsitzender und stets – wenn auch forschend zurückblickender – vorwärtstreibender Mentor der Geschichtswerkstatt Neuhausen, der von seinen Mitarbeitern geachtet und verehrt wird.

Erika Dichtl – ihre Familie lebt seit 180 Jahren in Neuhausen

(Dieser Beitrag wurde den *Neuhauser Werkstatt-Nachrichten*, Heft 29/2012, entnommen.)

Als ich im Juli 1939 in der Nymphenburger Straße das Licht der Welt erblickte, wurde mir wohl schon in die Wiege gelegt, dass ich mein Leben lang nicht aus dieser Straße „auswandern" werde. Das heißt: hier aufgewachsen und in der Alfonsschule die Schulbank gedrückt. Mein beruflicher Alltag und meine späteren Freizeitbeschäftigungen spielten sich allerdings außerhalb Neuhausens ab.

Mein Interesse für die Geschichtswerkstatt Neuhausen und ihre Arbeit wurde geweckt, als ich im Frühjahr 1999 an einer Führung mit Franz Schröther durch den Winthirfriedhof teilnahm. Ich hatte dabei die Hoffnung, eventuell etwas mehr über meine Vorfahren zu erfahren, die schon vor über 180 Jahren in Neuhausen ansässig wurden und auf diesem Friedhof begraben liegen. Da die Geschichtswerkstatt zu dieser Zeit an der Erstellung eines Buches über den Winthirfriedhof und seine „Bewohner" arbeitete (Um mich ist Heimat), konnte ich einige Bilder und einen kleinen Text zur Verfügung stellen. Danach war meine Neugier endgültig geweckt. Ich nahm die Einladung zu einem der monatlich zweimal stattfindenden Treffen der GWN-Truppe an, wobei ich etwas erstaunt feststellen musste, dass ich damals die einzige Frau in der Runde war, was mich aber – nach über 46-jähriger Berufstätigkeit meist mit Männern – nicht abschrecken konnte. Das war im Jahr 2000. Seitdem bin ich aktives Mitglied und nehme regelmäßig an den Treffen teil. Mit Begeisterung habe ich dann beim nächsten Buch-Projekt „Halbstark in Neuhausen. Vom Rio zum Kolibri" mitgearbeitet. Für mich ist es einfach interessant, etwas mehr über die Vergangenheit und auch über die Gegenwart aus meinem Stadtteil, der ja reichlich Stoff für uns Hobby-Historiker bietet, zu erfahren und die dabei gesammelten Erkenntnisse auch an andere Interessierte weiterzugeben.

Ein Leben jenseits der Grenzen von Neuhausen ist für Erika Dichtl völlig ausgeschlossen. Sogar eins jenseits der Nymphenburger Straße.

Gustav Dittrich – ein literarisch gebildeter Postler

(Dieser Beitrag wurde den *Neuhauser Werkstatt-Nachrichten,* Heft 29/2012, entnommen.)

Für einen im Jahr 1940 Geborenen gab es weder in den Schulen der Adenauerzeit und selten im Elternhaus genaue Informationen über die Zeit des „Dritten Reiches". Als es mich 1960 beruflich von Ingolstadt nach München-Neuhausen verschlug, erfuhr ich dank des großstädtischen Angebots an Stadtführungen, Dokumentarfilmen und Fachliteratur mit Entsetzen Genaueres von den ungeheuren Gräueln während der NS-Diktatur. Bei meiner persönlichen „Aufarbeitung" dieses Themas wuchs mein Interesse an Geschichte im Allgemeinen und an der Münchner Stadtgeschichte im Besonderen. Dabei zogen mich vor allem die Bücher von Heinrich Böll, Alfred Andersch, Wolfgang Köppen und Oskar Maria Graf in ihren Bann, deren Texte immer einen engagierten Bezug zum Zeitgeschehen vermitteln. In den 1990er Jahren wurde ich auf Ausstellungen, Führungen und Veröffentlichungen der Geschichtswerkstatt Neuhausen, damals noch in der „Galerie 45" in der Blutenburgstraße, aufmerksam. Mitglied in diesem historischen Verein wurde ich im Jahr 2000, als mich mein Freund und Postkollege Franz Schröther ermunterte, an dem geplanten Buch über den Winthirfriedhof mitzuarbeiten. Er wusste, dass ich einige der dort ruhenden Toten zu ihren Lebzeiten gekannt hatte. Bei den Recherchen in den Archiven und bei den Kontakten zu Angehörigen erlebte ich viele interessante und spannende Momente und stieß auf Unbekanntes, das zu veröffentlichen sich lohnte. Seitdem arbeite ich an den im Teamwork entstehenden Büchern und Heften der Geschichtswerkstatt Neuhausen mit.

Den Gustl zieht es vielleicht nach Paris. Aber in Neuhausen fühlt er sich sauwohl.

Ruth Breitkopf – ein halbes Geschichtswerkstattleben

(Dieser Beitrag wurde den *Neuhauser Werkstatt-Nachrichten*, Heft 29/2012, entnommen.)

„Die Englischen" waren es, genauer gesagt „Die Englischen Fräulein Nymphenburg", die mich für die Geschichtswerkstatt Neuhausen erstmals schriftlich aktiv werden ließen. Das Studium historischer Quellen und die immer spannende Suche nach Unterlagen zur Geschichte des Ordens in Archiven waren Neuland für mich. Sehr interessantes Neuland! Ich erinnere mich auch gerne an Gespräche mit der Provinzial-Oberin und einer Oberstudiendirektorin des Ordens, die mir freundlich Zugang zu hauseigenen Büchern, Texten und Fotografien ermöglichten. Im Laufe der Zeit arbeitete ich an unterschiedlichsten Beiträgen für die Bücher und Hefte der Geschichtswerkstatt mit. Dabei galt mein besonderes Interesse meist den Künstlerpersönlichkeiten, die mit dem Stadtviertel verbunden sind. Seit unserem neuesten Buch „Neuhausen-Nymphenburg einst und jetzt. Ein Vergleich in Bildern" bringe ich mich auch intensiv mit Fotoarbeiten ein. Sie tragen dazu bei, Vergangenheit und Gegenwart unseres Stadtbezirkes nicht nur mit Worten zu dokumentieren, sondern auch optisch lebendig zu halten.

Zehn Jahre, also ein halbes Geschichtswerkstattleben, gehöre ich nun schon zum Verein. Dabei bestätigt sich regelmäßig, wie sehr Zeit und Mühe, die für die Arbeit dort aufgebracht werden müssen, gleichermaßen „Geben" und „Nehmen" sind. So wird mir als Nicht-Bayer immer wieder ein vertiefter Einblick in die vielfältige und reiche Historie dieses Stadtteils – meiner „neuen Heimat" seit 30 Jahren – gewährt.

Soweit die aus Karlsruhe stammende, in ihrem Urteil bedächtige und zurückhaltende Ruth Breitkopf.

Gabi Ruß – forschen in der geliebten Heimat

(Dieser Beitrag wurde den *Neuhauser Werkstatt-Nachrichten*, Heft 29/2012, entnommen.)

Geboren bin ich in der Maxvorstadt und aufgewachsen in Neuhausen zwischen Hirschbergschule und Clemenskirche, den Großeltern in der Richelstraße und dem Post-SV in der Arnulfstraße.

Unsere ziemlich umfangreiche Verwandtschaft lebte in den Jahren nach dem Krieg in Neuhausen wie auf dem Dorf. Selten kam ich in die Innenstadt, aber überallhin zu Fuß: ins Dantebad, zum Schlittschuhlaufen auf dem Kanal, in den Hirschgarten, den Schlosspark, den Zirkus Krone und auf die Wiesn.

Nach der Oberrealschule in der Winthirschule wählte meine Mutter einen sicheren Beruf für mich beim Freistaat, ich wurde Beamtin und habe über drei Jahrzehnte lang echte berufliche Freude am Programmieren gefunden. Nach der Hochzeit bekamen mein Mann und ich leider keine Wohnung in Neuhausen, so zogen wir nach Moosach, wo wir uns aber wirklich gut eingelebt haben. Sehr schön ist natürlich, dass Neuhausen, Nymphenburg und Gern nur einen Katzensprung entfernt sind. Von Jugend an interessierte ich mich für Geschichte, Kunst, Literatur, Reisen und Sport. Nach meiner Pensionierung kann ich mich diesen Hobbys noch mehr widmen. Seit drei Jahren bin ich aktiv bei der Geschichtswerkstatt Neuhausen, fühle mich dort sehr gut aufgehoben und es macht mir großen Spaß, in den Archiven zu forschen und Geschehnisse aus der Vergangenheit der geliebten alten Heimat zu beschreiben.

Gabi Ruß kann sich ein Leben außerhalb Münchens nicht vorstellen.

Piter Waterstradt – „der Neue" in den Reihen der Geschichtswerkstatt Neuhausen

(Dieser Beitrag wurde den *Neuhauser Werkstatt-Nachrichten*, Heft 29/2012, entnommen.)

Es ist spannend, die Geschichte der unmittelbaren, eigenen Lebensumgebung zu kennen. Schon als ich vor 30 Jahren nach München gekommen bin, habe ich mich sofort für die Bayerische und die Münchner Geschichte interessiert. Und dann habe ich mich sehr gefreut, als ich 2009 nach Nymphenburg gezogen bin und die Geschichtswerkstatt entdeckt habe. Im aktiven Kern bin ich seit gut einem Jahr dabei. Zur Zeit lerne ich die Arbeit in und mit den verschiedenen Archiven in München kennen und habe schon erste Beiträge für unsere Publikationen verfasst. Ich bin sehr überrascht, was man in den öffentlichen Archiven so alles finden kann. Außerdem bin ich für den Internetauftritt der Geschichtswerkstatt zuständig. Die geschichtlichen Themen sind für mich ein schöner Ausgleich zu meinen beruflichen Aufgaben im Umfeld der Informationstechnologie. Wenn man sich für Geschichte und Internet interessiert, erkennt man auch schnell die Grenzen von Google und Web.

Ein weiteres Hobby von mir ist das Radeln. Ich bin jedoch nicht nur in Neuhausen und Umgebung mit dem Radl unterwegs, sondern mache auch gern größere Fahrradtouren. Im Urlaub bin ich oft zwei bis drei Wochen mit dem Fahrrad unterwegs, nur mit zwei Gepäcktaschen für alles Notwendige ausgerüstet.

Piter Waterstradt möchte am liebsten die Waterkant in Neuhausen haben.

Hans Wutz, ein Halbstarker aus Neuhausen

Von Franz Schröther

(Dieser Beitrag wurde wortgetreu dem Buch *Vom Rio zum Kolibri. Halbstark in Neuhausen* entnommen, das die Geschichtswerkstatt Neuhausen 2001 herausbrachte.

Hans Wutz, der sich bis vor kurzem mit eigenen Artikeln an der Arbeit der Geschichtswerkstatt beteiligte, hat sich inzwischen aus Gesundheitsgründen zurückgezogen. Trotzdem gehört er immer noch irgendwie zum „harten Kern". Er taucht auch immer wieder einmal bei den regelmäßigen, gemeinsamen Treffen auf und diskutiert eifrig mit. Insbesondere ist er dann zur Stelle, wenn es gilt, irgendwelche psychologischen Blessuren, die selbstverständlich auch bei der Geschichtswerkstatt mal vorkommen, zu „behandeln"; eine Aufgabe, die er mit großer Bravour erledigt. – Außerdem gehört Hans Wutz, der seit 12 Jahren bei der Geschichtswerkstatt Neuhausen ist, auch deswegen zum internen Zirkel, weil er aufgrund seines handwerklichen Talents für die Geschichtswerkstatt eine absolute Bereicherung ist. Bei den Ausstellungen und Vernissagen sorgt der gelernte Elektrofeinmechaniker fürs rechte Licht. – Bis 2011 war Hans Wutz auch für das Anzeigengeschäft der *Neuhauser Werkstatt-Nachrichten* zuständig. Wir nehmen die sehr plastische Skizze von Franz Schröther über Hans Wutz vor allem deswegen hier auf, weil sie sich passgenau in den hier interessierenden Zusammenhang der emotionalen Ortsbezogenheit fügt. Einen solchen geschwollenen Begriff hat der sehr bodenständige Hans Wutz mit Sicherheit noch nie in den Mund genommen.)

Zwei Generationen der Familie Wutz betrieben von 1899 bis 1957 in Neuhausen eine Bäckerei. Mitten im Zweiten Weltkrieg, am 29. Januar 1942, wurde der Sohn Hans geboren. Von 1948 bis 1956 besuchte er die Volksschule an der Alfonsstraße, danach machte er eine Lehre als Elektrofeinmechaniker bei der Firma Winter in Sendling. Von der Übernahme des elterlichen Geschäfts hatte ihm sein Vater abgeraten –

er hatte vorausgesehen, dass die großen Brotfabriken es den kleinen Handwerksbetrieben schwer machen würden.

Als der Hansi 1958, im zweiten Lehrjahr, ein Moped Marke „Zündapp Combinette" erhielt, geriet er in den „Bann der Motoren". Er war der Initiator des Motorclubs der Firma Winter, der Gelände- und Geschicklichkeitsrennen durchführte.

Die Parkplatz-Blasn, die sich etwa 1958 täglich an der Ecke Juta-/Leonrodstraße traf, wurde seine zweite Heimat. Ab diesem Zeitpunkt war er ein Halbstarker, kleidete sich entsprechend und gewöhnte sich die Sprache und das Verhalten dieser Jugendlichen an. Heute sagt er dazu: „Do hama Aufzüg gliefert." (Für Leser, die mit dem Münchner Idiom nicht so vertraut sind, etwa: „Da haben wir einen Auftritt hingelegt!" – B. W.) Er meint damit das Auftreten der Parkplatz-Blasn in den einschlägigen Lokalen in Neuhausen: „Weißes Kreuz", „Orffgarten", „Allee-Café", „Kolibri", „Donnersberger Bierhalle", „Schulhof", „Prinz Alfons" und „Prinz Albrecht", aber auch in Kneipen außerhalb des Stadtteils: „Café Philoma", „Rumba Bar", „Wasserturm", „Café Quick" und „Forstenrieder Quelle". Als begeisterter Rock'n'Roll-Fan war er Stammgast beim „Record Hop" im Löwenbräukeller und im „Hot-Club". Schließlich gründete er 1960 den „Mambo-Club München". Er hat sich aber auch immer für Sport interessiert. Nicht nur als begeisterter Zuschauer bei den Catchern, den Radrennfahrern und bei den Sandbahnrennen im BBM-Stadion, sondern seit dem Jahr 1960 auch als Organisator und Trainer der Fußballbetriebsmannschaften in seiner Firma.

Als es um 1964 um die Halbstarken ruhiger wurde und er ab 1968 eine feste Freundin hatte, seine heutige Frau, lief sein Leben in ruhigeren Bahnen ab. „Da war Schluss mit de Aufzüg", stellt er fest. Die Freundschaft mit den ehemaligen Halbstarken seiner Blasn wird seither auf Stammtischbasis weiter gepflegt. Seit über 30 Jahren treffen sich die zwischenzeitlich ergrauten Herren einmal monatlich und schwärmen von den alten Zeiten. Auch hier ist Hans Wutz (...) der Organisator dieser gemütlichen Zusammenkünfte.

Seine Erzählungen über das Leben und Treiben der Halbstarken in Neuhausen waren Grundlage für das Buch „Halbstark in Neuhausen".

Vor allem das ausgeprägte Erzähltalent von Hans Wutz über die Halbstarken-Kneipen und über deren Wiesn-Besuche, Ausflüge usw. sowie seine Kenntnisse über die Technik des „Frisierens" von Mopeds, Motorrädern und Autos lassen jede Unterhaltung mit ihm zum reinen Vergnügen werden. Für die Geschichtswerkstatt Neuhausen war es ein Glücksfall, als er im Rahmen des Projekts „Meine Jugend in Neuhausen" im Herbst 1999 Mitglied des Vereins wurde.

Hans Wutz zu fragen, ob er sich einen Ort vorstellen könne außerhalb Neuhausens, wäre pure Zeitverschwendung.

„Nylons, Tanzen, Märchenprinz" – ein Neuhauser Teenager in der Halbstarkenzeit

Von Erika Dichtl

(Bei diesem Beitrag handelt es sich um die gekürzte und leicht redigierte Fassung eines Artikels mit gleichem Titel, den die Autorin in dem bereits erwähnten Buch *Vom Rio zum Kolibri. Halbstark in Neuhausen* 2001 veröffentlicht hat.)

Und wovon träumte 1953 eine noch nicht ganz Vierzehnjährige aus Neuhausen, die noch drei Monate vor dem offiziellen Abschluss der achtjährigen Pflicht-Volksschulzeit die Alfonsschule verließ: natürlich von Freiheit und Mode und all den schönen Dingen, die dazu gehörten. Fast jedes junge Mädchen mit „nur" Volksschulbildung wollte in jener Zeit Friseuse, Verkäuferin, Stenotypistin („Tippse") oder gar Sekretärin werden. Das mussten doch ganz tolle Berufe sein, ja richtige Traumberufe, wie wir das in Filmen und Zeitschriften sehen und lesen konnten. Aber auch damals waren Lehrplätze für eine vernünftige kaufmännische „Büro"-Ausbildung, die ich anstrebte, Mangelware. Und natürlich sollte der Arbeitsplatz in der Nähe der Wohnung sein: erstens, um das Geld für die Straßenbahn einzusparen und zweitens war man von der elterlichen „Aufsicht" nicht allzu weit entfernt. Meiner Mutter gelang es mit viel Mühe, eine freie Stelle als „Verwaltungsanlernling" in einer Behörde auszukundschaften, die ich dann nach einem üblichen Vorstellungsgespräch auch tatsächlich bekam. (...)

Ohne Sommerferien, nur mit einem Wochenende zwischen Schule und Berufsleben, begann für mich 1953 der Ernst des Lebens. Besonders wichtig war dabei, dass ich so schnell wie möglich mein eigenes Geld verdienen würde. Auch konnte ich noch mit dieser Ausbildung zufrieden sein, dazu gehörte allerdings auch (was damals für mich nicht so ganz verständlich war), dass ich als „Verwaltungsanlernling" das tägliche Mittagessen in der Kantine sämtlichen anderen Mitarbeitern und Chefs servieren musste. Aber ich war endlich aus den Kinderschuhen raus und fühlte mich unheimlich frei und erwachsen.

124

*Mein monatliches Lehrlingsgehalt – „Erziehungsbeihilfe" nannte man
das – war riesig: 55 DM im ersten Lehrjahr, 65 DM im zweiten und 75
DM im dritten Lehrjahr. Davon musste ich vom ersten Tag an jeweils
ein Drittel für meine Aussteuer sparen, ein Drittel als Beitrag zum
Haushalt zu Hause abgeben und nur ein mickriges Drittel verblieb mir
für meine persönlichen „Bedürfnisse". Ein geringer Teil ging noch für
die Kranken- und Sozialversicherung ab. Da hieß es ganz schön haus-
halten! (...)*

*Meine Mutter schneiderte mir mein erstes Traumkleid nach der neues-
ten Mode. Es war hellblau mit weißen Punkten, „tief" ausgeschnitten
und mit Schleifen an den Schultern, so wie es Brigitte Bardot in einem
ihrer Filme trug. (...) Der modische Hals- und Ohrschmuck war aus
ebenfalls hellblauen Plastiksteinen (eingefärbt natürlich) und dazu trug
man zum Ausgehen weiße durchsichtige Perlon-Handschuhe. Selbstverständlich gehörte unbedingt das kleine ovale Köfferchen als Handta-
sche zur perfekten Ausstattung.*

*So ausstaffiert stolzierte ich mit meinen Eltern und meiner Schwester
am Sonntagmorgen in die Kirche (ein absolutes „Muss" bei uns zu
Hause) und am Nachmittag entweder ins Atrium- oder Schlosskino (in
einen selbstverständlich jugendfreien Film) oder zusammen mit Freundinnen in Richtung Nymphenburger Park bzw. mit der Trambahn nach
Grünwald ins Café Fischer – immer in der Hoffnung, dass der ersehnte,
natürlich reiche und schöne Märchenprinz uns entdecken würde. Aber
Pustekuchen!!! (...)*

*Zum Tanzen durften wir relativ selten und auch nur dahin, wo es „or-
dentlich" zuging: das waren das Kolpinghaus hinterm Stachus, das
Pfarrheim von St. Rupert im Westend oder – wo ich sehr gerne hinging
– die Sommerfeste im Jung-Männer-Wohnheim an der Lothstraße (...).
Dort konnte man so schön romantisch bei Kerzenschein in den lauschi-
gen Laubengängen sitzen und tanzen. Überall dort spielte auch unsere
Lieblings-Band, die „Bennonas", die aus der Katholischen Jugend von
St. Benno entstanden war. Unser Tanzvergnügen endete aber immer um
22 Uhr – sehr zu unserem Leidwesen. (...) Als meine Schwester und ich
einmal erst nach Mitternacht daheim anrückten, brach ein fürchterli-
ches elterliches Donnerwetter über uns herein. Erst später, als ich mit
17 in die Tanzschule Thea Sämmer im Deutschen Theater*

(Schwanthalerstraße) ging, um endlich Rock'n'Roll und Boogie Woogie – neben den klassischen Tänzen – perfekt zu erlernen, konnte ich meine Eltern von einem späteren „Nach-Hause-gehen-Zeitpunkt" überzeugen mit dem Argument, dass „später alle heimgehen und ich nicht alleine bin, weil ich dann sicherlich nach Hause gebracht werde". Das war auch das Jahr (1957), in dem ich zu Weihnachten von den Eltern meinen ersten Plattenspieler geschenkt bekam; das war einfach grandios für mich. Zu dem Geschenk gehörten noch zwei Single-Schallplatten: auf der einen war der Rumba „Anna", den Silvana Mangano in dem gleichnamigen Film sang (dieser lief gerade mit großem Erfolg in München), auf der anderen Single war die Originalaufnahme von und mit Glenn Millers „In The Mood" (von mir sehr geliebt). Ich selbst kaufte mir dann als erstes gleich die Platte mit Bill Haley und seinem von mir heiß begehrten Titel „Rock Around The Clock". Nach und nach mussten selbstverständlich sämtliche Einspielungen von Peter Kraus und Freddy Quinn her. (...)

Ein beliebter Treffpunkt für uns, die nicht in unmittelbarer Nähe des „Rio" (so wurde der Rotkreuzplatz genannt – B.W.) wohnten, war der Platz an der Bennosäule. Das war natürlich im Monat Mai sehr unverfänglich, da wir unseren Eltern glaubhaft machen konnten, wir würden zur Maiandacht in die Bennokirche gehen. Aber stattdessen trafen wir dort die von uns angehimmelten, radrennsportbegeisterten Jungen, die die Straße um die Bennokirche und -säule als Radrennarena für sich „in Anspruch" nahmen. Es kam natürlich auch vor, dass in den dunklen Nischen an der Kirche geknutscht wurde. Ganz schnell verschwanden wir von dem Platz, wenn – was Gott sei Dank nicht allzu oft vorkam – die damals in Neuhausen doch recht berüchtigte und von uns gemiedene Rio-Blasn auftauchte.

Und noch eine kleine Episode, die für uns Mädchen der 50er Jahre typisch war, die mit den „Halbstarken-Bräuten" auf keinen Fall in einen Topf geworfen werden wollten. Auf meiner allerersten Bergtour auf das Brauneck, die ich mit meiner Freundin Irmi unternahm, lernte ich einen jungen Mann kennen. Er fand wohl Gefallen an mir, denn er kümmerte sich sehr um mich und auch ich fand ihn nicht unsympathisch. Wir verabredeten uns als Erstes zu einem Oktoberfest-Besuch, auf dem er mir einen riesigen Bären „schoss", von dem ich hellauf begeistert war.

126

Daraufhin verabredeten wir uns zu einem Kino-Besuch und zwar vor dem Atrium, also nicht weit von meiner elterlichen Wohnung entfernt. Der Junge (ich weiß nicht mal mehr seinen Namen) kam mit einem Moped an, und ich war geschockt: Blue Jeans, Lederjacke und offenes Hemd – das war alles sehr enttäuschend für mich, denn „unsere" Jungs kamen zu so einem Rendezvous immer „korrekt" gekleidet. Ich guckte immer wieder um mich, dass uns ja niemand aus meiner Gegend zusammen sah. Und als er dann während des Films händchenhaltend zwischendurch immer wieder mal in seiner Nase bohrte, war er für mich als möglicher Märchenprinz „gestorben". Mit so einem Jungen konnte man auf gar keinen Fall „gehen". Wir sahen uns nie wieder.

Erika Dichtl wohnt immer noch in derselben Wohnung in dem Genossenschaftsbau in der Nymphenburger Straße, in der sie bereits als Kind gewohnt hatte. Ein Leben anderswo kann sie sich nicht vorstellen, auch nicht in einem anderen Münchner Stadtviertel. Einmal freilich wäre sie fast schwach geworden, als ihr nämlich in Österreich eine Stelle als Skilehrerin angeboten wurde. Doch im Grunde ihres Herzens wollte sie nie aus Neuhausen fort.

Rheinland und Bayern

Von Achim Feldmann

Dass ich in München lebe, ist reiner Zufall. Dass ich in Moosach wohne, ist reiner Zufall. Dass ich in der Hugo-Troendle-Straße zu Hause bin, ist reiner Zufall. Ich hätte in jeder anderen größeren Stadt Deutschlands leben können. Zeitweise habe ich sogar an ein Leben in den Niederlanden gedacht.

Geboren wurde ich in Aachen. Meine ganze Jugend verbrachte ich in dem Aachener Vorort Brand. Ein kleines, im Mittelalter gegründetes Dorf mitten im unfruchtbaren Heideland, das auf ewig klein geblieben wäre, wenn es nicht als bevorzugtes Wohngebiet für die Arbeitspendler nach Aachen entdeckt worden wäre. Bis heute kommt der Vorort nicht aus dem Größerwerden heraus und hat inzwischen fast 20.000 Einwohner erreicht. Man sagt den Brandern seit alters her einen ausgeprägten Eigensinn nach. Als der Ort im Zuge der Gebietsreform 1972 in die Stadt Aachen eingemeindet wurde, errichtete die Gemeinde Brand auf dem Marktplatz ein ausdrucksstarkes Denkmal, um ihre Unabhängigkeit zu zeigen: den Brander Stier, der mit dem Kopf zur Pfarrkirche, mit dem Hinterteil jedoch Richtung Aachen steht. Noch heute werden besonders eigensinnige Bewohner des Stadtteils als „Brander Stiere" bezeichnet. Meiner Ansicht nach hat mich der Ort nicht sehr geprägt. Eine Prägung habe ich erst später anderswo erfahren. Aber ich habe ihn lieben gelernt. Bis heute besuche ich zwei- bis dreimal im Jahr meine Familie. Ich freue mich immer sehr darauf, da ich sie nicht oft sehe. Ich mag auch Familienfeste mit allen Onkels und Tanten, und ich sehe gerne die alten Klassenkameraden wieder. Und freue mich immer, den Ort Brand wiederzusehen. Meistens schwinge ich mich aufs Fahrrad und erkunde, ob sich im Ort etwas geändert hat.

Erst mit dem Eintritt in das Gymnasium, das ich mit dem Bus zum Nachbarort erreichte, blickte ich zum ersten Mal bewusst über den noch engen Tellerrand hinaus. Der Blick weitete sich ganz gewaltig, als ich den Wehrdienst im damals ganz immens weit weg gelegenen Koblenz antreten musste. Die Zugfahrt dorthin dauerte immerhin zwei Stunden.

Doch man war – trotz allem, was man sonst so vom „Bund" hört – immer noch recht „behütet". Anreise, Unterkunft, tägliches Leben, sogar die Freizeit bis zu einem gewissen Grade waren reglementiert, man musste sich um nichts kümmern, bekam alles vorgesetzt.

Dies änderte sich grundlegend mit dem Beginn des Studiums (Geschichte, Geographie) in Köln. Ich hatte mich bewusst für Köln entschieden, da meine Studiengänge an der Technischen Hochschule in Aachen eher ein Schattendasein führen und ich außerdem „raus" aus dem Elternhaus wollte. Die Stadt liegt nur eine Stunde Zugfahrt von Aachen entfernt. Aber jetzt musste man für alles selber sorgen. Wohnung, Essen, Freunde, Vorlesungstermine. Zu Anfang war man da schon hin und wieder überfordert mit all den Anforderungen, die ein jetzt völlig vom Elternhaus getrenntes Leben an einen stellte. Jedoch nicht ganz getrennt: die Wäsche wurde noch bei Mama gewaschen. Anfangs fuhr ich jedes Wochenende nach Hause, ruhte mich vom Studienstress aus, konnte meine Abenteuer erzählen – und brachte immer einen Sack voll Wäsche mit. Die Heimfahrten wurden im zweiten Semester seltener, die Wäschesäcke größer. Bis ich mir eines Tages ganz bewusst einen Waschsalon um die Ecke heraussuchte, den ich in Zukunft ein- oder zweimal im Monat besuchte. Damit war die Abnabelung vom Elternhaus endgültig geschafft. Die Wäsche war das letzte Ankertau Richtung Heimat gewesen. Jetzt war ich „frei".

Bisher hatte sich mein ganzes Leben mehr oder weniger im Rheinland abgespielt. Köln als Kapitale des Rheinlandes hat mich, der ich als junger Student alles Neue begierig wie ein Schwamm aufsog, für mein weiteres Leben bis ins tiefste Innere geprägt. Vereinfachend kam hinzu, dass die Mentalitäten der Menschen in Aachen und Köln ganz ähnlich sind. In Köln als der größeren und lebendigeren Stadt ist dieses „Wesen" sicherlich sehr viel ausgeprägter als in Aachen, aber insgesamt gesehen doch – auch wenn das die Aachener sicher nicht so ohne weiteres unterschreiben werden – im Endeffekt ganz ähnlich.

Erst im Nachhinein habe ich dies als „Mentalität des Rheinlandes" oder als „Rheinisches Wesen" erkannt. Dieses Rheinische Wesen hat mich durchdrungen und zu dem gemacht, was ich bin. Das Ganze als „Rheinischen Frohsinn" oder Ähnliches zu beschreiben greift viel zu kurz. Eine Frohnatur bin ich noch nie gewesen, und zu Zeiten des Karnevals, der in Köln wirklich eine eigene Jahreszeit ist, der man sich überhaupt nicht entziehen kann, bin ich immer nach auswärts geflüchtet. Nein – es handelt sich dabei um einen bestimmten heiter-fröhlichen, aber trotzdem tiefgründigen Wesenszug, der genau zu meinem eigenen Wesen passte.

Während des Studiums habe ich mehrere Male sehr interessante Urlaubsreisen machen können, darunter nach Marokko und nach Ägypten. Bisher waren die weitesten Reisen ins benachbarte westlich geprägte Ausland gewesen, etwa Frankreich, Italien, Spanien und Großbritannien. Marokko vor allem war ein echter tiefer Kulturschock für mich. Nach einer Woche anstrengenden Herumreisens waren wir froh, wieder zivilisierten Boden in Südspanien betreten zu können. Aber es hat erneut eine gewisse Saite in mir berührt, die seitdem immer wieder anschlägt. Dann packt mich das Fernweh und die weite Welt wird erkundet, je exotischer, desto besser. Inzwischen habe ich außer Nordamerika jeden Kontinent der Welt bereist und werde so lange weiterreisen, wie es Geldbeutel und Gesundheit erlauben.

Ein zweites tiefgreifendes Erlebnis während des Studiums waren die beiden Auslandssemester, die ich mithilfe des Erasmus-Stipendiums der Europäischen Gemeinschaft erleben durfte. Das hat den Horizont ebenfalls enorm erweitert, diesmal auf eine ganz andere, tiefere Art. Auch wenn es – zumindest nach Meinung unwissender Zeitgenossen – „nur" Belgien und die Niederlande gewesen sind: Diese jeweils halben Jahre gehören bis heute zu den schönsten Zeiten, die ich in meinem Leben je erlebt habe. Man lernt das tägliche Leben in einem anderen Land mit all den vielen Kleinigkeiten und banalen Alltäglichkeiten ganz besonders nahe kennen. Es waren unglaublich intensive Semester – insbesondere das erste Auslandssemester in Leuven (Belgien). Es galt schließlich, neben der neuen Sprache und den obligatorischen Pflichtvorlesungen eine ganze neue Welt sozusagen von innen kennenzulernen. So viele Fahrradtouren, Städtereisen, Museumsbesuche, Kinovorstellungen, Fêten, Bibliotheksbesuche und Wanderungen habe ich seitdem nicht wieder gemacht. Dazu kam die erste feste Freundin, die ja schließlich auch ein gewisses Zeitquantum für sich beanspruchte.

Allerdings hat mich der französischsprachige Süden des Landes, die Wallonie, nie besonders interessiert. Dafür habe ich den nördlichen, niederländischsprachigen Teil, Flandern, ganz besonders nachhaltig erforscht. Im zweiten Auslandssemester in Utrecht (Niederlande) habe ich mich vorrangig um die Literatursuche für meine Staatsexamensarbeit gekümmert, habe aber dennoch so intensiv das Land bereist und kennengelernt, dass die Niederlande bis heute mein Lieblingsland geblieben ist und Amsterdam für mich die schönste Stadt der Welt ist.

Nach dem Studium, als die Frage im Raum stand, was ich nun mit meinem Leben anfangen soll, habe ich kurzzeitig sogar daran gedacht, in die Niederlande auszuwandern. Vielleicht wäre es nicht so schwierig gewesen, wenn ich mich drum gekümmert hätte. Aber vielleicht wollte ich es dann doch nicht wirklich. Mit meinen Sprachkenntnissen in Niederländisch kann ich heute nicht mehr viel anfangen. Hin und wieder einen Roman lesen, in einem Comic blättern oder Herman van Veen hören – das müssen momentan leider die einzigen Kontakte zu dieser Sprache und Kultur bleiben.

Aus beruflichen Gründen bin ich dann nach München gewechselt, wo ich bis heute im Münzenhandel tätig bin. Ich hatte mich in allen wichtigeren Städte Deutschlands beworben, aber nichts gefunden. Das Angebot aus München war der erste positive Bescheid gewesen und hat mein weiteres Leben stark beeinflusst.

Niemals hätte ich es für möglich gehalten, einmal in Bayern zu leben. Das war damals für mich gedanklich sehr weit weg und trotz meiner Reisen vollkommen außerhalb meines Gesichtskreises. Prinzipiell hatte ich eher an Hamburg oder Berlin als zukünftige Wahlheimat gedacht. Als gewisse Bedrohung stand auch noch Gummersbach im Raum, denn dorthin hatte man mich für ein Referendariat an der Gesamtschule geplant, als ich aus lauter Verzweiflung doch noch den Lehrerberuf ergreifen wollte. Dann schon lieber München ... Sicherlich gibt es schlimmere Orte in Deutschland, um sein Leben zu verbringen. Das Angebot aus München kam gerade noch rechtzeitig, um mich vor Gummersbach zu retten.

Eine alte Urlaubsbekannte wohnte auch in München, deren Ehemann bei einer der städtischen Wohnungsgesellschaften arbeitete. Der konnte mir aus seinem Bestand einige kleine Wohnungen anbieten, zumindest für den Übergang. Nach Besichtigung der einzelnen Objekte habe ich mich für die Wohnung in Moosach in der Hugo-Troendle-Straße entschieden. Wieder reiner Zufall also.

Von Köln, Leuven und Utrecht hatte ich gelernt, wie man sich einer fremden Stadt am schnellsten und am besten nähern kann. Ich habe in den ersten Wochen sehr viele Fahrradtouren unternommen und jeden Donnerstag nach der Arbeit eines der großen Museen besucht (wegen der Abendöffnungszeiten). Am Wochenende waren Touren durch die Innenstadt, das Olympiazentrum sowie zu sonstigen in meinem Baedeker als sehenswert beschriebenen Stellen an der Reihe. So habe ich mir im Laufe der ersten zwei Jahre die Stadt zu Eigen gemacht. Mit der Zeit lernt man die richtigen Fahrradstrecken, die U-Bahn-Verbindungen und die schönen Fußwege. Natürlich habe ich mich von Anfang an auch sehr für die Geschichte meiner neuen Heimatstadt interessiert und entsprechende Literatur konsumiert.

Aber es ist natürlich auch wichtig, Anschluss an die Bewohner zu bekommen. Dazu sind Vereine da. Ich habe sofort an einen historischen Verein gedacht. Das hatte ich mir schon in Köln vorgenommen, aber dann doch nicht verwirklicht. Ich wollte ja nicht nur Gelehrtes über meine neue Heimat lesen, sondern meine Ausbildung auch gewinnbringend anwenden. Leider gab es in Moosach keinen Geschichtsverein. Aber ich wurde im Nachbarstadtteil fündig. Beim „Tag des Offenen Denkmals" habe ich an einer von der Geschichtswerkstatt Neuhausen angebotenen Führung teilgenommen und am Ende des Rundganges das Heft Nr. 1 der *Neuhauser Werkstatt-Nachrichten* mitgenommen. Beim Durchblättern sind mir die vielen Aktivitäten der Geschichtswerkstatt aufgefallen: Ausstellungen, Bücher, Führungen, Hefte. Das war doch genau dasjenige, was ich suchte. Doch hat es dann noch etwa ein Jahr „Reifezeit" gebraucht (unter anderem weil ich gewartet habe, ob sich in Moosach nicht doch noch etwas tut), bis ich dann zu einem der zweiwöchentlichen Treffen im „Fellstüberl" gegangen bin. So bin ich ein „Neuhauser" geworden. Beziehungen zu diesem Stadtteil hatte ich vorher überhaupt noch keine. Fortan habe ich Neuhausen zu meinem Lebensmittelpunkt erhoben. Die Zeitschrift, die Bücher, die Stadtteilrundgänge der Geschichtswerkstatt haben mir diesen Stadtteil erschlossen.

Inzwischen sind auch Sportfreunde und Spielerrunden hinzugekommen, mit denen man sich regelmäßig trifft. Ich lebe jetzt in München schon länger als in Köln, Leuven und Utrecht zusammen, Ich wohne gerne hier und fühle mich sehr wohl. München ist eine schöne lebendige Stadt, die auch kulturell viel bietet.

Ich habe mir die Stadt angesehen, angeeignet, ich studiere ihre Geschichte und Kunst, aber so „gepackt" wie damals in Köln bin ich bis heute von dieser Stadt nicht. Die Zeit der Prägung meiner Persönlichkeit ist wohl schon vorbei, wiewohl natürlich auch München einen Teil zu dieser Persönlichkeit beigetragen hat. Aber „Heimat" ist es auch nach so langer Zeit immer noch nicht geworden. Die Mentalität der Menschen ist halt ein wenig anders.

Heimat beginnt man erst dann richtig wahrzunehmen, wenn man sie nicht mehr hat. Auch die Ostvertriebenen können davon ein Lied singen. Erst hier, wo man als Nichtbayer platterweise immer als „Preuße" tituliert wird (Berlin ist vom Rheinland mindestens genau so weit weg wie München), habe ich entdeckt, dass ich letztendlich doch ein Rheinländer geblieben bin.

Irgendwann hoffe ich, wieder ins Rheinland zurückkehren zu können.

Jugend im Fußballverein

Von Karl Königsbauer

Als ich zum ESV München kam, war ich schon raus aus dem Alter, in dem Talente entdeckt und gefördert werden sollten. Mit 14 oder 15 nahm mich mein jüngerer Bruder mit zum Fußballtraining in den ESV an der Laimer Unterführung. Es gab einen schönen Hauptplatz, auf dem wir fast nie spielen durften und weitere Fußballplätze „hinter der Schlossmauer", d.h. man musste an der Schlossmauer entlanglaufen, beim Ecktürmchen abbiegen, und nach der Kleingartenanlage sah man schon die Tore, von Rasen war allerdings wenig zu sehen. An den Toren war blanker und harter Erdboden, das andere Spielfeld glich eher einer Wiese, die nur selten gut gemäht war und in der sich bisweilen Exkremente der Schafherde befanden, die hier in den 60er Jahren noch graste. Beim Training wurde es schnell dunkel, Flutlicht gab es nur auf dem Hauptplatz, und die Bälle waren aus dunkelbraunem Leder. Solange sie trocken waren und das Licht ausreichte, konnte man damit ganz gut spielen (wir Brüder pflegten sowieso eher die rustikale Spielweise), aber wehe, wenn es regnete: das Leder sog sich voll Wasser und die Bälle bekamen ein Mehrfaches ihres ursprünglichen Gewichts, wir sprachen von Kanonenkugeln. Nach dem Spiel musste einer von uns aus der Umkleide im Keller in die Wirtschaft gehen und den in dieser Beziehung stets knausrigen Fußballvorstand Edi Huber um Brausemarken bitten. Nach Einwurf und einiger Anlaufzeit spritzte tatsächlich für einige Minuten heißes Wasser aus der Dusche. Unvergesslich bleibt die Antwort auf meine Frage „Herr Huber, könnten wir bitte Duschmarken haben?" (für 20 schmutzige Jungs): „Marken?" So blieben die ersehnten Münzen Mangelware, die wir auf der anderen Seite horteten, wo immer wir eine bekamen oder fanden. Nach einiger Zeit gab es dann die „Gewinnausschüttung": Wir nahmen die für einen kleinen eingeweihten Kreis gesammelten Münzen und duschten eine halbe Stunde lang oder mehr.

Das waren meine Anfänge in der dritten Jugend unter unserem unvergessenen Trainer Conny Kaltenecker, der mit viel Engagement bei der Sache war und mit dem wir schon mal komplett um die Schlossmauer laufen mussten, aber auch gerne mal auf einige Glas Bier mit ihm anstießen.

Mit steigendem Alter kam dann der Aufstieg in die zweite und später in die erste Jugend. Wir durften jetzt öfter auf dem Hauptplatz spielen und die Duschmünzen wurden auch großzügiger vergeben. Nach dem Training ging's in die Wirtschaft, mit zunehmendem Alter tranken wir dann auch Bier mit den Erwachsenen und lernten dabei Schafkopf, Watten und viele unanständige Geschichten. Besonders viel Spott mussten diejenigen ertragen, die wegen ihrer Freundin heim mussten oder deretwegen weniger Zeit für den Fußball hatten.

Als Jugendliche mit 17, 18 machten wir uns immer später auf den Heimweg und es kam vor, dass uns der damalige Wirt Dengler Franz mitten im Kartenspiel das Licht ausdrehte, als wir gerade einen größeren Betrag im Stock hatten.

Mit der Zeit kamen zu meinem Freizeitvergnügen noch zwei weitere Hobbys dazu, die einer großen Fußballer-Karriere eher im Wege standen: Wir gründeten eine Band (mit zwei Fußballkumpels und einem Klassenkameraden vom Gymnasium) und spielten an Wochenenden zuerst in Freizeitheimen und Gemeindesälen, später auch im Eisstadion oder im „Crash". Und als neue Leidenschaft kam das Motorradfahren dazu, angefeuert vom Film „Easy Rider". Wir kopierten sogar die Lenker und die Bügel als Rückenlehne, die wir uns vom Schmied an der Gerner Brauerei (neben dem noch stehenden Bauernhof „Bad Gern") anfertigen ließen. Statt Fußballverein war jetzt öfter das Treffen mit Motorrädern bei der BP-Tankstelle Gruber am Grünwaldpark oder nach den Band-Übungsabenden in der Gaststätte Grünwaldpark (heute Romans) angesagt. Zum Kickern oder Flippern trafen sich Fußball- wie Bandkumpels in der Gaststätte Wohnungsverein in der Eisenbahnersiedlung an der De-la-Paz-Straße, dort waren auch hie und da einige hübsche Mädchen dabei in einem sonst weitgehend von jungen Männern geprägten Umfeld. So etwas wie Frauenfußball war damals undenkbar, die Bands waren bis auf vielleicht hie und da mal eine Sängerin männlich besetzt und auch in Motorradkreisen hatten wir nur männliche Fahrer, allerdings mit der Option auf weibliche Sozia, die gerne mal hinten mitfahren wollten.

Selbst mit der Volljährigkeit (damals mit 21) ging meine Jugend in Neuhausen-Nymphenburg in den genannten drei Interessensbereichen weiter, auch wenn anderes hinzukam: das Studium (Mathematik und Informatik), die erste große Liebe und feste Freundin Cornelia, die später meine Frau wurde.

Es war auch die Flower-Power- und Hippiezeit, es war eine Jugend wie im Rausch (auch ohne größere Drogen-Exzesse), der erst gestoppt wurde durch meinen Motorradunfall in Italien 1974. Eine Zäsur in meinem Leben, danach war Schluss mit Motorrad, mit Band und erst mal auch mit Fußball. Ich strebte schnell den Lehrerberuf an, heiratete und gründete eine Familie – heute schaue ich meinem Sohn oder meinen Neffen beim Fußballspielen zu, oft beim FT Gern.

Ich wohne nach wie vor im Stadtteil und könnte mir auch kaum vorstellen, anderswo zu leben – außer vielleicht in Traunstein. Dort wohnen meine beiden Schwager, dort habe ich weitere Freunde und dort liegen auch meine Wurzeln: Mein Vater und mein Schwiegervater sind dort geboren und groß geworden, die Familie Königsbauer betrieb im vorletzten Jahrhundert dort die Färberei gleichen Namens. Der Chiemgau bietet als Altersruhesitz viele Freizeitmöglichkeiten, der Lebensrhythmus ist dort weniger hektisch als in der Großstadt München. Ob dies die Liebe zu Neuhausen-Nymphenburg aufwiegen kann, wird sich zeigen.

Kapitel 4

Harry H. (Jahrgang 1797)

Harry ist in Düsseldorf geboren. Seine Eltern waren zum Zeitpunkt seiner Geburt 35 bzw. 27 Jahre. Der Vater war von Beruf Tuchhändler. H. hatte drei jüngere Geschwister.

Das Elternhaus war von der Haskala geprägt, d.h. von der jüdischen Aufklärung, die sich vor allem die Assimilierung der Juden zum Ziel genommen hatte. Ab 1803 besuchte H. eine Privatschule, die eben von diesem Geist beseelt war, und ab 1807 wechselte er an ein Düsseldorfer Lyzeum. Auch diese Bildungsstätte hatte sich der Aufklärung verschrieben. Von dieser Schule ging H. ohne Abgangszeugnis ab. Für die geistige und politische Ausrichtung des jungen Mannes war neben der Aufklärung seine Bewunderung für Napoleon von herausragender Bedeutung. Bereits der Dreizehnjährige hatte den Einzug des Franzosenkaisers in Düsseldorf erlebt. Ausschlaggebend für die Bewunderung war, dass dieser in seinem ganzen Herrschaftsbereich den Code Civil eingeführt hatte, der (auch) die Gleichstellung von Juden und Nicht-Juden garantierte.

Schon auf dem Lyzeum hatte H. die Lyrik für sich entdeckt. Ab 1815 schrieb er regelmäßig Gedichte, von denen erstmals 1817 eine Auswahl veröffentlicht wurde.

1816 schickte ihn der Vater zum Erlernen eines bürgerlichen Berufes nach Hamburg. Im Bankhaus seines Onkels hospitierte er eher, als dass er dort einer geregelten Arbeit nachging. Trotzdem unterstützte ihn der Onkel zeitlebens großzügig, auch wenn er für die literarischen Ambitionen des Neffen kein Verständnis aufbringen wollte und konnte.

(An dieser Stelle wird es höchste Zeit, die lächerliche Maskerade zu enthüllen, unter der wir Deutschlands bedeutendsten Lyriker versteckt haben. Das heißt, versteckt haben wir Heinrich Heine gar nicht. Sein Vater hatte ihm tatsächlich den Vornamen Harry gegeben. – Zum Namenswechsel kam es erst nach der Konversion Heines zum Christentum im Jahre 1825. Von da an nannte er sich Christian Johann Heinrich Heine. Zu beantworten haben wir allerdings die Frage, weshalb wir einen Toten in die Reihe höchst lebendiger Zeitgenossen aufnehmen. Wir fragen dreist zurück: Warum eigentlich nicht? Heinrich Heine lässt sich gut „interviewen". Enthält doch sein Werk viele und höchst präzise Aussagen über die gefühlsmäßigen Befindlichkeiten des Dichters gegenüber einigen Orten, an denen er gelebt hat bzw. gegenüber denjenigen, die er später vermisst hat. Wir verwenden für Heinrich Heine den gleichen Leitfaden, den wir auch bei den „echten" Interviews benutzt haben.)

Zu den regionalen Wurzeln Heines und denjenigen seiner Vorfahren schrieb einer seiner Herausgeber, Felix Stössinger, im Jahr 1950 etwas umständlich und salbungsvoll, aber doch zutreffend:

> Heine war Rheinländer. Er ist am Rhein geboren, an dem die Familie seiner Mutter van Geldern nachweislich seit 9 Generationen, wahrscheinlich viel länger, beheimatet war. Ein Ghetto gab es in Düsseldorf, wo die Familie seit einem Jahrhundert wohnte, nicht. Als Heine am 13. Dezember 1797 zur Welt kam, war Düsseldorf schon zwei Jahre von Franzosen besetzt. Das rheinische Wesen war unter den Franzosen nur noch rheinischer geworden – das war seine Art des Deutschtums. Hat ein Landstrich formende Kräfte, so streichen sie wie der Wind über alle Menschen, die darin wohnen. Auch als Jude ist Heine Rheinländer. Er ist nicht derselbe Rheinländer wie die Deutschen, aber auch nicht derselbe Jude, wie es die nichtrheinischen Juden sind. Und wie rheinisch ist Heine von Grund auf! Wie hat ihn der Rhein bezaubert, wie viel neuen Zauber hat er ihm für alle Zeiten mitgeteilt. Rheinisch war Heine trunken ohne Wein. Rheinisch sind seine Torheiten und Unbesonnenheiten. Rheinisch ist in seinem Werk immer Fasching und langer Aschermittwoch. Rheinisch liebt er mit sich selbst Maske zu spielen. Rheinisch ist das Parlando seiner Verse; rheinisch ist seine moussierende Prosa.

> Ein niederdeutsches Element kam zu Heine über seinen Vater, der in Hannover-Bückeburg ansässig war. Und nun sehen wir Heine plötzlich als Niederdeutschen. Niederdeutsch liebte er Westfalen und Friesen vor allen Deutschen. Niederdeutsch erlebte er wie kein Deutscher vor ihm das Meer. Niederdeutsch wirkte Heine in Paris. Und seine große skandinavische Gemein-

de fühlte stammverwandten Geist in ihm, etwas „nordisch Isländisches, jütländisch Bauernhaftes".

Doch nun aussagekräftige Zitate über die Städte, die für Heinrich Heine von Bedeutung waren. Über Düsseldorf:

> Die Stadt Düsseldorf ist sehr schön, und wenn man in der Ferne an sie denkt, und zufällig dort geboren ist, wird einem wunderlich zu Muthe. Ich bin dort geboren und es ist mir, als müsste ich gleich nach Hause gehen. Und wenn ich sage, nach Hause gehen, dann meine ich die Bolkerstraße und das Haus, worin ich geboren bin. (aus: *Das Buch Le Grand*, 1827)

Man könnte diese Sätze ohne weiteres als Motto für dieses Buch nehmen. Im Übrigen ist Düsseldorf, soweit ich es zu beurteilen vermag, der einzige Ort, den Heine völlig von seinem Spott verschont. Der Grund hierfür ist aus dem Zitat ablesbar.

Über Hamburg sind seine Aussagen viel zahlreicher und umfangreicher, ganz einfach deshalb, weil er sich in dieser Stadt auch in seinem späteren Leben häufig aufgehalten hat. Zudem „musste" er wohl die traumatischen Erfahrungen aufarbeiten, die er in seinen „Lehrlingsjahren" mit der Hamburger Verwandtschaft gemacht hatte. Die Großzügigkeit des Onkels bei gleichzeitiger Ignoranz gegenüber seinem Schaffen empfand Heine als demütigend. Hinzu kommt, dass er sich unsterblich in seine Kusine Amalie, die Tochter von Salomon Heine, verliebt hatte. Dass aus dieser Liebe nichts werden konnte, versteht sich von selbst. Die persönlichen Animositäten lassen wir bei unserem Zitatenschatz außen vor. Berücksichtigt werden nur solche Äußerungen, die die Orte selbst betreffen. Damit verfahren wir mit Heine genauso, wie es auch bei allen anderen Fallbeispielen geschehen ist.

Über Hamburg äußert sich Heine ausführlich 1844 in *Deutschland. Ein Wintermärchen*. Heine hatte von seinem freiwilligen Pariser Exil aus im Spätherbst 1843 eine mehrwöchige Deutschland-Reise angetreten. In Hamburg hielt er sich fünf Wochen auf, um mit seinem Verleger Julius Campe Geschäfte zu regeln. Bei dieser Gelegenheit traf er auch die Verwandten wieder, die ihm einst das Leben so schwer gemacht hatten. Vor allem aber galt der Besuch in Hamburg seiner Mutter, die dorthin übergesiedelt war und die ein Jahr zuvor bei einem Großbrand ihre Wohnung verloren hatte.

(Im Folgenden werden wir uns an die Chronologie von Heines Biographie halten.)

Im *Wintermärchen* befasst sich Heine von Caput XX an bis zum Schluss (Caput XXVII) mit Hamburg am ausführlichsten. Noch einige grundsätzliche Anmerkungen zum *Wintermärchen*. Der Jude Heine galt ja nicht nur den Nazis als der Nestbeschmutzer schlechthin und das als Hymnus an ein besseres Deutschland gedachte Poem als Beleg für Heines antinationale Gesinnung. In den ersten Nachkriegsjahrzehnten unterstellten Literaturhistoriker dem Verfasser des *Wintermärchens* „krankhaften Hass". Sein Epos sei, da es „alles Deutsche höhnend in den Schmutz trete (...), das schlimmste Pamphlet, das je gegen die Deutschen geschleudert wurde." Mal ganz abgesehen davon, dass diese Experten, wahrlich Fach-Idioten wie aus dem Bilderbuch, das Wesen einer Satire nicht kapiert hatten, verhält es sich vielmehr so, wie ein zeitgenössischer Wiener Schriftsteller, Eduard von Bauernfeld (1802–1890), in einem Gedicht ausdrückte:

> Und wenn du über Deutschland schimpfst,
> So kommt's dir aus dem Herzen;
> Ach, was wir lieben, das macht uns ja
> Die ungeheuersten Schmerzen.

Und der Dichter selbst, der unter der „Wunde" der Vaterlandsliebe litt, äußerte sich in einem Brief an seinen Verleger Campe diesbezüglich:

> Hab auch auf meiner Reise mancherlei Verse gemacht, die mir mit größerer Leichtigkeit gelingen, wenn ich deutsche Luft atme. Von künftigen Aufenthalten in Deutschland verspreche ich mir viel poetische Früchte. Wie ungern ich von Hamburg diesmal abreise, davon haben Sie keinen Begriff! Eine große Vorliebe für Deutschland grassiert in meinem Herzen, sie ist unheilbar.

Und im Vorwort zu *Deutschland. Ein Wintermärchen* schrieb Heine:

> Beruhigt euch. Ich werde eure Farben achten und ehren, wenn sie es verdienen, wenn sie nicht mehr eine müßige oder knech-

tische Spielerei sind. Pflanzt die schwarz-rot-goldene Fahne auf die Höhe des deutschen Gedankens, macht sie zur Standarte des freien Menschtums, und ich will mein bestes Herzblut für sie hingeben.

Dieses kleine literarische Kolleg erschien mir für das Verständnis des Folgenden unerlässlich.

Doch nun endgültig zu Hamburg. Zunächst lässt er sich von der Mutter, die ihren Sohn 13 Jahre schmerzlich vermisst hatte, Fisch, Gänsefleisch und süße Apfelsinen kredenzen. Sie kann ihre Sorgen nicht unterdrücken:

Mein liebes Kind! Und wirst du auch
Recht sorgsam gepflegt in der Fremde?
Versteht deine Frau die Haushaltung,
Und flickt sie dir Strümpfe und Hemde?

Auch ein anderes weibliches Wesen nimmt sich seiner an; es ist Hammonia, „Hamburgs beschützende Göttin". Auch sie geht auf die lange Dauer der Abwesenheit des Dichters ein:

Sie trat zu mir heran und sprach:
„Willkommen an der Elbe
Nach dreizehnjähr'ger Abwesenheit –
Ich sehe, du bist noch derselbe!

Du suchst die schönen Seelen vielleicht,
Die dir so oft begegnet
Und mit dir geschwärmt die Nacht hindurch,
In dieser schönen Gegend.

Das Leben verschlang sie, das Ungetüm,
Die hundertköpfige Hyder;
Du findest nicht die alte Zeit
Und die Zeitgenössinnen wieder!

Du findest die holden Blumen nicht mehr,
Die das junge Herz vergöttert;
Hier blühten sie – jetzt sind sie verwelkt,
Und der Sturm hat sie entblättert.

Verwelkt, entblättert, zertreten sogar
Von rohen Schicksalsfüßen –
Mein Freund, das ist auf Erden das Los
Von allem Schönen und Süßen!

(...)

Du bist mein Liebling jetzt, es hängt
Dein Bildnis zu Häupten des Bettes
Und siehst du, ein frischer Lorbeer umkränzt
Den Rahmen des holden Porträts.

Nur dass du meine Söhne so oft
Gemergelt, ich muss es gestehen,
Hat mich zuweilen tief verletzt;
Das darf nicht mehr geschehen.

Es hat die Zeit dich hoffentlich
Von solcher Unart geheilet,
Und dir eine größere Toleranz
Sogar für Narren erteilet.

Doch sprich, wie kam der Gedanke dir,
Zu reisen nach dem Norden
In solcher Jahreszeit? Das Wetter ist
Schon winterlich geworden!"

„Oh, meine Göttin" – erwiderte ich –
„Es schlafen tief im Grunde
Des Menschenherzens Gedanken, die oft
Erwachen zur unrechten Stunde.

Es ging mir äußerlich ziemlich gut,
Doch innerlich war ich beklommen,
Und die Beklemmnis täglich wuchs –
Ich hatte das Heimweh bekommen.

Die sonst so leichte französische Luft,
Sie fing mich an zu drücken
Ich musste Atem schöpfen hier
In Deutschland, um nicht zu ersticken.

Ich sehnte mich nach Torfgeruch,
Nach deutschem Tabaksdampfe;
Es bebte mein Fuß vor Ungeduld,
Daß er deutschen Boden stampfe.

Ich seufzte des Nachts und sehnte mich,
Dass ich sie wiedersähe,
Die alte Frau, die am Dammtor wohnt;
Das Lottchen wohnt in der Nähe.

Auch jenem edlen alten Herren
Der immer mich ausgescholten
Und immer großmütig beschützt, auch ihm
Hat mancher Seufzer gegolten.

Ich wollte wieder aus seinem Mund
Vernehmen den „dummen Jungen“,
Das hat mir immer wie Musik
Im Herzen nachgeklungen.

Ich sehnte mich nach dem blauen Rauch,
Der aufsteigt aus deutschen Schornsteinen,
Nach niedersächsischen Nachtigall'n,
Nach stillen Buchenhainen.

Ich sehnte mich nach den Plätzen sogar,
Nach jenen Leidensstationen,
Wo ich geschleppt das Jugendkreuz
Und meine Dornenkronen.

Ich wollte weinen, wo ich einst
Geweint die bittersten Tränen –
Ich glaube, Vaterlandsliebe nennt
Man dieses törichte Sehnen.

Ich spreche nicht gern davon; es ist
Nur eine Krankheit im Grunde.
Verschämten Gemütes, verberge ich stets
Dem Publiko meine Wunde.

Fatal ist mir das Lumpenpack,

Das, um die Herzen zu rühren
Den Patriotismus trägt zur Schau
mit allen seinen Geschwüren.
(...)"

Die Hamburger Zeit endet letzten Endes im Fiasko, sowohl persönlich – wie wir bereits wissen – als auch geschäftlich. Alle Versuche des Onkels, Heine im Geschäftsleben zu etablieren, scheitern kläglich. Nicht nur, weil dem jungen Mann jeglicher Unternehmergeist abgeht, sondern vor allem, weil ihm für solch schnödes Treiben schlichtweg jegliches Interesse fehlt. In einer Art von Kompromiss einigt man sich schließlich darauf, dass Heine, dem eigentlich eine Existenz als freischwebender Künstler vorschwebt, sich auf ein Studium der Rechtswissenschaften einlässt. Ab 1819 studiert er an den Universitäten Bonn, Göttingen und Berlin.

Über Bonn ist an dieser Stelle nicht allzu viel zu berichten. Keine Äußerungen über die gefühlsmäßige Bindung. Immerhin ist zu vermelden, dass der Studiosus während des ganzen Semesters nur eine einzige juristische Vorlesung gehört hat – dafür aber die Giganten Schlegel und Arndt: Dichterfürsten und Professoren zugleich.

Über Göttingen äußert sich Heine in seiner *Harzreise* – natürlich mit dem hausgemachten Heine-Sarkasmus.

> Die Stadt Göttingen ist berühmt für ihre Würste und Universität, (...) enthält 999 Feuerstellen, diverse Kirchen, eine Entbindungsanstalt, eine Sternwarte, einen Karzer, eine Bibliothek und einen Rathskeller, wo das Bier sehr gut ist (...). Die Stadt selbst ist schön und gefällt einem am besten, wenn man sie mit dem Rücken ansieht (...). Im Allgemeinen werden die Bewohner Göttingens eingetheilt in Studenten, Professoren, Philister und Vieh, welche vier Stände doch nichts weniger als streng geschieden sind. Der Viehstand ist der bedeutendste. Die Namen aller Studenten und aller ordentlichen und unordentlichen Professoren hier herzuzählen wäre zu weitläufig; auch sind mir in diesem Augenblick nicht alle Studentennamen im Gedächtnisse, und unter den Professoren sind manche, die noch gar keinen Namen haben. Die Zahl der Göttinger Philister muss sehr

groß sein, wie Sand, besser gesagt, wie Koth am Meer; wahrlich, wenn ich sie des Morgens mit ihren schmutzigen Gesichtern (...) sah, so mochte ich kaum begreifen, wie Gott nur so viel Lumpenpack erschaffen konnte.

Die Spottlust wurde sicherlich durch ein Ereignis befördert, für das die braven Göttinger Bürger nun wirklich nichts konnten. Die Burschenschaft „Corps Guestphalia" schloss ihn wegen eines Verstoßes gegen das „Reinheitsgebot" aus. Lassen Sie mich das mal so sagen: Bei diesen Burschen war nun wirklich Hopfen und Malz verloren.

Ein zweiter inneruniversitärer Vorfall in Göttingen sollte für Heines weiteren Lebensweg erhebliche Konsequenzen haben. Ein Kommilitone hatte den Harry Heine (noch hieß er so) wegen seiner jüdischen Herkunft verspottet. Das brachte diesen so in Rage, dass er jenen zum Duell aufforderte. Das Duell konnte verhindert werden, doch beide Kontrahenten wurden für ein Semester von der Universität relegiert.

Es hielt ihn also nichts mehr in Göttingen. Die nächste Studienetappe war Berlin. Und in dieser doch relativ freien Berliner Luft zog Heine die endgültige Konsequenz aus der eben erwähnten Göttinger Episode: Er trat zum Protestantismus über.

„Es ist heute eine scheene Witterung –"

Hättest du, lieber Leser, den Ton gehört, den unübertrefflichen Fistelbaß, womit diese Worte gesprochen wurden, und sahest du gar den Sprecher selbst, das erzprosaische Witwenkassengesicht, die stockgescheuten Äuglein, die aufgestülpt pfiffige Forschungsnase, so erkanntest du gleich, diese Blume ist keinem gewöhnlichen Munde entsprossen, und diese Töne sind die Sprache Charlottenburgs, wo man das Berlinische noch besser spricht als in Berlin selbst.

Ich bin der höflichste Mensch von der Welt und esse gern braune Krapfen und glaub zuweilen an Auferstehung, und ich antwortete: „In der Tat, die Witterung ist sehr scheene." (Da wär' ich gern dabei gewesen um zu lauschen, wie der Rheinländer Heine berlinerte. – B.W.)

Als der Sohn der Spree dermaßen geendet, ging er erst recht derb auf mich ein, ich konnte mich nimmermehr losreißen von seinen Fragen und Selbstbeantwortungen (!) und absonderlich von seinen Parallelen zwischen Berlin und München, dem neuen Athen, dem er kein gutes Haar ließ.

Ich aber nahm das neue Athen sehr in Schutz, wie ich denn immer den Ort zu loben pflege, wo ich mich eben befinde. Daß solches diesmal auf Kosten Berlins geschah, das wirst du mir gern verzeihen, lieber Leser, wenn ich dir unter der Hand gestehe, dergleichen geschieht zumeist aus purer Politik; denn ich weiß, sobald ich anfange, meine guten Berliner zu loben, so hat mein Ruhm bei ihnen ein Ende, und sie zucken die Achseln und flüstern einander zu: „Der Mensch wird sehr seicht, uns sogar lobt er." Keine Stadt hat nämlich weniger Lokalpatriotismus als Berlin. Tausend miserable Schriftsteller haben Berlin schon in Prosa und Versen gefeiert, und es hat in Berlin kein Hahn danach gekräht, und kein Huhn ist ihnen dafür gekocht worden, und man hat sie Unter den Linden immer noch für miserable Poeten gehalten, nach wie vor.

Dagegen hat man ebensowenig Notiz davon genommen, wenn irgendein Afterpoet (...) auf Berlin losschalt. Wage es aber mal jemand, gegen Polkwitz, Innsbruck, Schilda, Posen, Krähwinkel und andre Hauptstädte etwas Anzügliches zu schreiben! Wie würde sich der respektive Patriotismus dort regen! Der Grund dafür ist: Berlin ist gar keine Stadt, sondern Berlin gibt bloß den Ort dazu her, wo sich eine Menge Menschen, und zwar darunter viele Menschen von Geist, versammeln, denen der Ort ganz gleichgültig ist; diese bilden das geistige Berlin. (aus: *Reisebilder*, 1830)

Heine in Hochform!

Es entbehrt nicht der Pikanterie, dass sich Heine einlässt auf das uralte Berlin-München-Hickhack, das auch heute noch in den Redaktionen der Münchner und Berliner Presse gepflegt wird. Nein, das ist nicht eigentlich das Pikante.

Auch München bekam in den *Reisebildern* sein Fett weg. Heine hatte sich von Herbst 1827 bis Sommer 1828 in der bayerischen Haupt- und Residenzstadt aufgehalten, wo er für den Verleger Cotta redaktionelle Arbeiten erledigte. Er erhoffte sich eine Professur an der dortigen Universität. Obwohl sich Cotta und andere Fürsprecher für ihn bei König Ludwig einsetzten, zerschlug sich dieser Plan, höchstwahrscheinlich auf Grund seiner jüdischen Abstammung. Heine reagierte verbittert. In einem Brief spricht er von „Kleingeisterei der großartigsten Art", die in München zu Hause sei. Und in eben den *Reisebildern*, in denen er gerade noch für das „Isar-Athen" Partei ergriffen hatte, ist vom „dunkelrohen Geist des Mittelalters" die Rede; und davon, dass man hier zum Preußen werden müsse (wenn man Heines grundsätzliche anti-preußische Einstellung kennt – zu der er aus verschiedenen Gründen allen Anlass hatte ...).

PARIS, „die schönste Zauberstadt, die dem Jüngling so hold-selig lächelt, den Mann so gewaltig begeistert, und den Greis so sanft tröstet":

Blick vom Père Lachaise:

> Eben war die Sonne untergegangen, ihre letzten Strahlen schienen wehmütig Abschied zu nehmen, die Nebel der Dämmerung umhüllten wie weiße Laken das kranke Paris und ich weinte bitterlich über die unglückliche Stadt, die Stadt der Freiheit, der Begeisterung und des Martyrtums, die Heilandstadt, die für die weltliche Erlösung der Menschheit schon so viel gelitten hat!"
> (*Französische Zustände*, 1832)

24 Jahre später sollte nicht Lachaise Endstation sein, sondern Montmartre. Aus Heines *Testament* (1854):

> Es war die große Aufgabe meines Lebens, an dem herzlichen Einverständnisse zwischen Deutschland und Frankreich zu arbeiten und die Ränke der Feinde der Demokratie zu vereiteln, welche die internationalen Vorurteile und Animositäten zu ihrem Nutzen ausbeuten. Ich glaube mich sowohl um meine Landsleute wie um die Franzosen wohlverdient gemacht zu haben, und die Ansprüche, welche ich auf ihren Dank besitze, sind ohne Zweifel das wertvollste Vermächtnis (...).

Das Ideal

Kurt Tucholsky

> Ja, das möchste:
> Eine Villa im Grünen mit großer Terrasse,
> vorn die Ostsee, hinten die Friedrichstraße;
> mit schöner Aussicht, ländlich-mondän,
> vom Badezimmer ist die Zugspitze zu sehn –
> aber abends zum Kino hast du's nicht weit … (1927)

So würde ich auch gern wohnen …

Was hat dieses abschließende Kapitel, das sich mit allgemeinen philosophischen, soziologischen, anthropologischen Dimensionen des Themas und nicht zuletzt der literarischen beschäftigt, mit München zu tun? Der Heimatstadt bzw. dem Wohnort von Mitarbeitern und Interviewpartnern, die sich in diesem Buch zu Wort gemeldet haben?

Auf den ersten Blick recht wenig. In den folgenden Betrachtungen schlagen wir um München ganz bewusst einen großen Bogen. Es wird schon mal wieder auftauchen. Wir lassen jetzt die Gedanken schweifen. Sie sind ja schließlich frei. Manchmal geht es bei den Entscheidungen, an welchen Orten man leben möchte, existentiell zu, manchmal eher rustikal.

Es ist längst klar geworden, dass man nicht immer das tun kann, was man möchte, dies aus verschiedenen Gründen. Viele Menschen entwickeln gewissermaßen aus kompensatorischen Gründen Gelüste, eine Vorliebe, ein Faible für ganz ferne, fremde Orte. Oft steht dabei von vornherein fest, dass auf den ausgespähten Feldern nichts zu bestellen ist. Bei vielen dieser Ziele sind ausgesprochen irrationale Motive im Spiel, die manchmal neurotische Züge annehmen. (Kompensatorische haben wir bereits erwähnt; aber auch monomanische oder zwanghafte treten auf.) Meist bleiben sie harmlose, eher infantile Spielereien. Auf die Ebene kindlicher Träumerei gehören sie auch hin. – Im Übrigen ist zu unterscheiden zwischen den Traum-Orten, bei denen sich rekonstruieren lässt, warum sie Traum-Orte sind, und solchen, bei denen der Ursprung der Vorliebe kaum mehr bzw. überhaupt nicht feststellbar ist.

Wie ist es eigentlich beschaffen, das Reich der Freiheit (ganz zweifellos ein Welt-Ort von höchster emotionaler Besetzung), wenn auch sein „Erfinder" Karl Marx dieses Reich nicht als realen, sondern als utopischen Ort entworfen hatte. Ein utopischer Ort? Was soll das denn sein? Wörtlich übersetzt hieße das „ein Ort, der an keinem Ort ist". Wie dem auch sei: Im Vergleich zum biblischen Paradies bleibt das Marxsche ziemlich unbestimmt. Der Garten Eden ist einer Oase im südlichen Mittelmeerraum nachgebildet. Vom Reich der Freiheit aus der *Deutschen Ideologie* weiß man eigentlich nur, dass die Menschen – ein jeder nach seinen Bedürfnissen und Fähigkeiten – morgens fischen und jagen, des Abends kritische Kritiker sind. Lassen wir das Nebulöse an dem Gedanken-Konstrukt von Karl Marx mal weg (der ja ansonsten selbst mit bissiger Ironie über das Wortgeschwurbel seiner Philosophen-Kollegen herfiel) und fragen uns, wo es eigentlich liegt, dieses Reich der Freiheit. Enthalten wir uns jeglicher philosophischer Phantasterei und wenden wir das Reich der Freiheit ins Konkrete. Übertragen auf die uns interessierenden Fragen heißt das: es wird den Menschen die Möglichkeit eingeräumt (in diesem Fall wirklich die passende Formulierung), (auch) ihren eigenen Wohnort, ihren Raum selbstbestimmt zu wählen. Welche psychischen Prozesse und Mechanismen laufen dabei ab? Auf die Ebene der Praxis übertragen: auf welche Zielorte richten sich kollektive (Achtung, Toskana-Fraktion im Anmarsch!) und individuelle Wunsch-Projektionen? Das können sehr konkrete, benennbare Orte sein, Dörfer, kleinere und größere Städte, Metropolen der Welt, Landschaften, Regionen, aber auch ganze Länder oder sogar Erdteile.

Es gibt aber auch phantasmagorische Wunschvorstellungen, die tiefen Bedürfnisschichten der Menschen entspringen. Sie können dauerhaft sehr virulent sein. Das Schlaraffenland wäre hierfür ein Beispiel. Immer wieder sehnen sich die Menschen nach einem Ander-Land, in dem ein gutes Leben möglich ist, jedenfalls ein besseres als dasjenige, das man führt, das man führen muss.

Die bayerische und Münchner Literatur hat mit dem Topos des Sich-Weg-Wünschens gespielt und den angehimmelten Ort nun tatsächlich in den Himmel verlegt. Wobei freilich der dorthin per Schlaganfall beorderte Dienstmann Aloisius einen ziemlich schlechten Schnitt macht. Weggeholt aus dem Hofbräuhaus hat man ihn; und jetzt muss er

Hosianna singen. Kein Wunder, dass er recht grantig reagiert und die durchgeistigten Engel mit unmäßigem Fluchen verschreckt, sodass am Ende der liebe Gott höchstpersönlich eingreifen muss. Er schickt den Unbelehrbaren direkt wieder zurück ins Hofbräuhaus, um der bayerischen Staatsregierung quasi auf dem Dienst-Wege seine Direktiven zukommen zu lassen. Das kann natürlich aus verständlichen Gründen nicht funktionieren.

Im „Brandner Kaspar" wird ein wesentlich milderes Bild vom bajuwarischen Paradies gezeichnet. Es sieht der oberbayerischen Seen-Landschaft ziemlich ähnlich. Kein Wunder, dass dieses Stück Besucher-Rekorde um Besucher-Rekorde erzielt an einer der renommiertesten Bühnen der Republik, dem Residenz-Theater München. Aber auch ein betuchtes Abonnement-Publikum möchte seine archaischen Reflexe ausleben. Oder anders ausgedrückt: es lebt auf diese Weise sein ursprüngliches Bedürfnis nach Ortsbindung aus.

Urlauber, die Jahr für Jahr an den Stränden spanischer Inseln – vornehmlich natürlich von Mallorca – ihren Urlaub verbracht haben, aber auch an den türkischen, entschließen sich, am „Lebensabend" dort „für immer" zu bleiben. So reden sie es sich ein, oder ein gewitzter Immobilienmakler übernimmt dieses Geschäft. Wegen der Sonne, der herrlichen Landschaft etc.; und weil die Preise so niedrig sind (Letzteres gilt allerdings nur für Antalya, noch). Die Realität sieht für die allermeisten freilich ganz anders aus. Das hat inzwischen auch das deutsche Privatfernsehen mitgekriegt. Dort werden nicht nur Formate gezeigt, die deutsche Auswanderer in fremden Ländern zeigen. Viele dieser Menschen betreiben einen großen Aufwand, um sich in der neuen Heimat zu etablieren. Zum Beispiel der Metzger aus Wanne-Eickel, der in der kanadischen Provinz echt deutsche Wurst unters Volk bringen will, was ihm denn auch mit einiger Mühe gelingt. Nicht viel weniger Mühen hat seine Frau, ihr bescheidenes Schulenglisch zusammenzukramen. Gegen alle Erwartungen – und trotz der Ängste der Beteiligten – kriegt sie den erhofften Bürojob. Und auch die Kinder finden in der Schule schnell Anschluss und quatschen nach wenigen Wochen ein wie immer geartetes englisch-kanadisch-deutsches Kauderwelsch, das ich nicht verstehe. Muss ja nicht sein! Hauptsache, die neuen Klassenkameraden verstehen es. Diese Familie hatte viel Glück und die große Chance, in der neuen Heimat ein Geborgenheitsgefühl aufzubauen.

Nicht alle haben so viel Glück. Es gibt bei VOX auch eine Rückkehrer-Show, die sich über die armen Schweine lustig macht, die nie richtig Englisch gelernt haben und nun natürlich ziemlich doof dastehen. Die werden niemals ein wie immer geartetes Heimatgefühl entwickeln.

Natürlich gibt es auch ernsthafte Dokumentationen über dieses Thema. Die meisten der Betroffenen verfügen tatsächlich entweder über keine oder nur über völlig unzureichende Sprachkenntnisse – und dies ist wirklich das Kernproblem –, was ihnen zu Beginn ihrer Traumzeit am Traumort gar nicht auffällt. Sprechen nicht die nette Bedienung im Lokal, der noch nettere Friseur und sogar der Arzt perfekt oder mindestens verständlich deutsch? Das wird sich bald ändern. Spätestens dann, wenn die Fernwehsüchtigen 75 Jahre alt geworden sind. Oder 80. Wenn sich die ersten gravierenden gesundheitlichen Probleme einstellen. Wenn ein aufwändiger Transport nach Deutschland organisiert werden muss, weil die notwendige Operation in Spanien nicht durchgeführt werden kann. Aber das geht ja noch, meistens. Was aber, wenn ein Altenpflegeheim gebraucht wird? In den spanischen Pflegeheimen gibt es so gut wie kein Deutsch sprechendes Personal. Und selbst wenn, sind die Versicherungsbedingungen ganz andere als in Deutschland. Und eine adäquate Beratung in diesen Angelegenheiten ist nicht zur Stelle. (In einer der erwähnten Dokumentationen wurde der Fall einer deutschen Sozialpädagogin geschildert, die das Problem erkannt hatte und sich auf eigene Faust nach Spanien aufmachte, um hier einzugreifen. Das Ende vom Lied war, dass ihr Träger sie nach einigen Monaten wieder abzog – aus Kostengründen.)

Aber wir würden einen solchen Fehlweg doch nicht gehen. Wir handeln doch viel rationaler! Lassen wir es einmal so sagen: Sprechen wir zu dem Kinde in uns. – Beim Totenschmaus für einen verstorbenen Freund berichteten die Brüder voller Rührung, wie der Neunjährige alle Informationen über Island gesammelt hat, Heftchen, Bilder und sonstiges Material geradezu hortete. Und wenn im Radio mal ein Bericht kam über Island, dann hatten die älteren Brüder zu schweigen. Das hat er durchgesetzt, mein doch so zurückhaltender, rücksichtsvoller Freund

Jan. Möge er am Grunde eines Geysirs träumen von den Elfen, Trollen und Helden s e i n e r Welt.

In der Regel verlaufen sich solche Schwärmereien. Auch der Island-Fimmel des Freundes löste sich im Verlauf des Älterwerdens auf. Es gibt allerdings Menschen, die bleiben ein Leben lang ihrem Island treu, ihrem Ägypten, ihrem Peru, ihren Sumerern. Aber über psychische Erkrankungen sprechen wir hier nicht, auch nicht über liebenswerte, harmlose Spielereien oder Marotten.

Wir wollen über einen anderen Freund sprechen. Im Suff – was bei ihm äußerst selten vorkam – brach es aus ihm heraus: er habe die Schnauze voll von dieser ganzen Spießerwelt. Er haue jetzt ab nach Kanada. Da könne man mit der Hand Lachse fangen; die Wälder in Kanada seien unvergleichlich. Außerdem habe er sich schon bei einem Bergwerk um eine Stelle beworben und eine Zusage erhalten.

Da ich diesen Freund ja gut kannte, hatte ich keine Scheu, ihn später auf seine – nun wörtlich verstanden – merk-würdige Kanada-Vision anzusprechen. Er hatte keine Ahnung mehr von Kanada. (Sein Traumziel als Kind sei die Mongolei gewesen.) Wie kam das nur zustande, das mit Kanada? Wie schön muss Kanada sein? Wir konnten im konkreten Fall die Gründe für die unerklärliche, plötzlich hervorschießende Liebe für Kanada nicht erschließen. Vielleicht war ja der Zufall mit im Spiel. Vielleicht eine schöne kanadische Filmschauspielerin, die er irgendwann einmal in irgendeiner Illustrierten gesehen hatte, oder ein berühmter Eishockey-Spieler. Oder ein Opossum oder was weiß ich.

Nichts weiter über Kanada. Panama ist besser dokumentiert. Der große Janosch hat das besorgt. Man kann sich kaum vorstellen, dass es Eltern gibt mit Kindern der Jahrgänge 1978 aufwärts, die nicht sein berühmtes Kinderbuch *O wie schön ist Panama* in der Hand gehabt hätten. (Es gibt natürlich auch bildungsferne Eltern, die mit diesem, nun wahrlich phantastischen Kulturschatz niemals in Berührung kamen. Man muss sie wirklich bedauern. Ich sage dies nicht mit der Großmannssucht des Bildungs-Spießbürgers. Es ist schon ehrlich gemeint.) Der Verlag warf dieses geniale Opus mit einer Startauflage von 80.000 Exemplaren auf den Markt; man hatte also das richtige Näschen. Worum geht's in der Geschichte, die der Autor mit abgefeimter Dialektik meisterhaft hinwirft und wunderbar illustriert? Es geht um Freundschaft, das Reifer-Werden durch Erfahrung, Fernweh und Geborgenheit, um das Wieder-Zurückfinden. Und es geht auch um emotionalen Ortsbezug, unser Thema.

Die dicken Freunde Bär und Tiger leben glücklich in ihrem Häuschen im Wald. Sie sind wirklich total zufrieden in ihrem Reich der Freiheit. Bis sie eines Tages im Fluss eine Bananen-Kiste mit der Aufschrift „Panama" entdecken, die einen unvergleichlichen, betörenden Duft ausströmt. Mit der Aufschrift „Panama". Und obwohl sie mit ihrem Leben in ihrem Zuhause nun wirklich völlig zufrieden sind, mit sich und ihrem Umfeld, also mit ihren Freunden und ihrer *location*, wissen sie gleich: da müssen wir hin! Ohne viel Federlesens wird aus der Kiste ein Wegweiser gebastelt. Der Zielort ist ja praktischerweise schon angegeben. Es geht immer der Nase nach in Richtung Panama. Unterwegs geben allerlei freundliche Kreaturen nützliche Ratschläge, jedenfalls freundschaftlich gemeinte. Irgendwann stoßen sie mitten im Wald auf ein wunderschönes Häuschen. Dem Bären und dem Tiger ist sofort klar: Wir sind am Ziel. Wir sind in Panama. In Wahrheit sind sie wieder in ihrem alten Heim gelandet. Sie merken es nur nicht, weil Wind und Regen und das Wuchern der Pflanzen das Haus recht verändert haben. Freilich nicht so, dass es unsere Freunde nicht wieder hätten erkennen können. Drehten sich der Tiger und der Bär also im Kreis? Und waren sie am Schluss wieder da, ohne echten Fort-Schritt, beim Althergebrachten? So einfach kann man das nicht sagen. Schließlich machen sie unterwegs jede Menge Erfahrungen, lernen neue Freunde kennen; sie entwickeln sich, obwohl oder gerade weil sie einem Traumbild zustreben.

Vielleicht geht es vielen Menschen, die auf der Suche nach einem idealen Ort sind, ähnlich.

Wir wollen die Geschichte nicht weiter analytisch zerpflücken. Die philosophische Tiefenschärfe dieses wunderbaren Buches können wir in diesem Rahmen ohnehin nicht ergründen. Wir empfehlen aber allen, die das bisher versäumt haben, die Lektüre.

Wie kamen denn meine eigenen Traum-Ziele zustande? Es stehen hier nicht diejenigen in Rede, die in meinem Leben eine konkrete Rolle gespielt haben. Über sie wurde im Abschnitt „*My Way*" ausführlich berichtet. Hier geht es um solche alternativen Orte, wie sie in diesem Kapitel besprochen werden. Die irrealen Orte.

Irreal? Man kann schon eher von absurdem Theater sprechen. Wenn es um Stuttgart und Uruguay geht. Spanien wird dann schon wieder konkreter. Wie kam es also zum Faible des 7- bis 10-jährigen Knaben für Stuttgart und Uruguay? Das hat mit dem Fußball zu tun. Bevor die Helden von Bern 1954 unsere Herzen eroberten und wir auch für die unterlegenen Ungarn schwärmten (so großmütig waren wir, die Zehnjährigen!), wir konnten uns der Spielkunst der Puskas, Koscics und Czibor, den „Söhnen der Puszta", den „Madischoren" nicht entziehen. Die abenteuerliche Aussprache der Rundfunk-Reporter stiftete bei uns allerdings etliche Verwirrung; hatten wir doch in der Zeitung gelesen, der „Major" Puskas und seine Mannschaftskameraden seien „Magyaren" – das haben wir wörtlich ungefähr so ausgesprochen: Magüahren. – Im Übrigen kenne ich außer den bereits erwähnten Puskas, Koscics und Czibor noch heute Namen wie den des großartigen Torhüters Groscics (natürlich! – war ich doch selbst ein solcher) oder Budzsansky und Gyula Lorant, der später Bayern-Trainer wurde. (Für Akzente und die richtige Schreibweise übernehme ich selbstverständlich keine Haftung.) Wenn ich mich ein wenig anstrengen würde, brächte ich die komplette Mannschaftsaufstellung zusammen. Wenn das kein emotionaler Bezug zu einem fremden Kulturkreis ist! Allein schon die klingenden Namen! Die Kicker vom Rio de la Plata waren zwar weniger ergiebig als die aus Budapest. Ganz einfach deshalb, weil unser Gedächtnis noch nicht so weit zurückreichte. Aber trotzdem – auch mit denen konnten wir uns identifizieren.

Uruguay war vor dem „Super-Event" (diese Vokabel gab's damals natürlich noch nicht) in der Schweiz der amtierende Weltmeister. Ich, der Torwart, schlüpfte vor Toni Turek in die Rolle des phantastischen Maspoli, der mit seinen Hechtsprüngen im Endspiel im Maracana-Stadion von Rio de Janeiro die Stürmer der hoch favorisierten Brasilianer und 200.000 (!) Zuschauer zur Verzweiflung gebracht hatte. Und der Dieter oder der Herbert waren dann der Ghiggia (für die Schreibweise übernehme ich auch in diesem Falle keine Garantie), der das Siegtor erzielt hatte. Später haben uns dann die Lehrer was erzählt von

Uruguay als der „Schweiz Südamerikas". Das hat uns nicht so sehr gejuckt. Aber es ist schon so, dass ich auch heute noch eine ziemlich ausgeprägte selektive Wahrnehmung habe, wenn es in der Zeitung oder im „Weltspiegel" um Uruguay geht. Da braucht mir niemand was erzählen. Über die Tupamaros von Montevideo zum Beispiel, über die Geschichte des Landes und aktuelle Lage dort. Von einer „Schweiz" kann nicht mehr die Rede sein.

Die Vorliebe für Uruguay ist einigermaßen nachvollziehbar, aber was war mit Stuttgart los? Auch dies hat mit Fußball zu tun. 1950 und 1952 war der VfB Stuttgart Deutscher Meister geworden, also zu einer Zeit, in der der Junge begann, sich in die Fußball-Materie hineinzuwühlen. Der VfB war für mich eine faszinierende Mannschaft. Der Kapitän des VfB, Robert Schlienz, war aufgrund einer Kriegsverletzung einarmig. Er brachte es sogar zu einigen Einsätzen in der Nationalmannschaft. Auf so einen Helden hatte die aufnahmebereite Kinderseele nur gewartet. In der Wochenschau bekam man ihn dann und wann zu bestaunen. – Ansonsten war mit Stuttgart nicht viel los. Auch heute finde ich die Stadt, von Kriegsschäden immer noch gezeichnet, ziemlich langweilig. Selten bin ich da hingekommen. Ende der 40er, Anfang der 50er Jahre gab es gelegentliche Besuche in Stuttgart bei einer entfernten Tante, die als Oberin einem Nonnenkloster vorstand. Dort wurde man mit Schinken bewirtet, in jener Zeit eine ausgesprochene Mangelware. Vielleicht entstehen auch auf diesem Wege emotionale Ortsbezogenheiten. Über den gastronomischen Aspekt der Bindung an eine Stadt könnte man sicherlich ein eigenes Buch schreiben. Nebenbei gesagt: Das Siegtor für den VfB Stuttgart im Endspiel 1952 gegen Kickers Offenbach schoss der Mittelstürmer Otto Baitinger, von Beruf ein Metzgermeister. Seinerzeit waren Fleisch und Wurst knappe Ware. Wahrscheinlich haben sich da im Hirn des kleinen Jungen einige Synapsen gebildet. Und in seinem Herzen.

Aber was war los, wenn andere Sympathieträger gegen den VfB antraten! Als etwa die Leute um Fritz Walter vom 1. FC Kaiserslautern die Stuttgarter im Endspiel 1953 gnadenlos mit 4:1 niederwalzten (bereits in der 1. Minute hatte Fritz Walter einen Elfmeter „vollstreckt" und die Stuttgarter hatten im Verlauf des ganzen Spiels nie mehr den Hauch einer Chance) – da hatten die „Lauterer" bei mir total verschissen.

Ein Jahr später bei der Weltmeisterschaft in der Schweiz war ich der Oberjubler von Fritz Walter und Horst Eckel. (Werner Liebrich und Werner Kohlmeier – auch vom 1. FCK – konnte ich allerdings nicht so gut leiden, wahrscheinlich weil sie mir in ihrer robusten Art doch zu rustikal waren. Vielleicht war da ein tief verwurzelter Instinkt am Werk. Vielleicht war der auch im Spiel bei meinem eigentlichen Helden: Fritzens Bruder Otmar. Wahrscheinlich lag's nur daran, dass der einfach mehr Tore schoss … und der Torwart in mir auf so einen „*Goalgetter*" einfach insgeheim eifersüchtig war. Wer weiß das schon.

Richtig kritisch wurde es indes, wenn der VfB gegen einen Verein aus einem anderen Lieblingsort spielte. Beispielsweise gegen den Club aus Nürnberg. Von dort stammte die sehr sympathische Familie Müller, die mit den Eltern befreundet war. Was sollte man da bloß machen? Dass das Herz dann für die Stuttgarter schlug, wie soll man sich das erklären? Das muss aus äußerst dubiosen Gründen zustande gekommen sein, erklären kann man es nicht. Da half auch einer der allerhöchsten Sympathieträger, der allseits beliebte Max Morlock, nicht viel: ausgerechnet der spielte beim Anti-Club par excellence: dem „Club"! Was soll man da bloß tun?

Offensichtlich gibt es unübersichtliche, hoch komplexe Schlängelpfade im Hinblick auf die emotionale Ortsbezogenheit. Überschaubarer wird es auf der konkreten Ebene, in meinem Falle am Beispiel von Spanien, rationaler nicht unbedingt. Bereits als Jugendlicher hatte mich dieses Land fasziniert. Das kann nicht allein am Geographie-Lehrer gelegen haben. Der war sehr penibel hinsichtlich der korrekten Aussprache der fremden Örtlichkeiten. Mir hat das gut gefallen. Noch heute kommt problemlos „Charleroi" aus mir heraus, obwohl ich in der Schule niemals Französisch hatte. Nicht minder kompliziert die spanischen Orte und Flüsse! Wir mussten uns abplagen mit dem Guadalquivir und dem spanischen Doppel-L. Nicht so schwierig war die Geschichte mit dem Tajo. Das war ja kinderleicht. Wurde doch dieser Strom so ausgesprochen wie der Geschwindigkeitsmesser am Fahrrad, während der gleiche Strom in Portugal Tejo heißt (sprich Teiischouu – oder so ähnlich). So was bleibt einem ein Leben lang (und begründet Vorlieben). Die Hispano-Philie war geboren. Außerschulisch gab es jede Menge Unterfutter für diese Begeisterung. Atahualpua und Real Madrid lieferten reichlich Nachschub. Dass natürlich wieder der Fußball mit im Spiel war ... kein Wunder!

Dann entschlummerte die Spanien-Schwärmerei plötzlich, wie das bei juvenilen Überschwängen nicht unüblich ist. Es sollte fast 50 Jahre dauern, bis sie dornröschengleich wieder erwachte. Wach geküsst wurde sie nicht. Das heißt, geküsst wurde schon. Die Küsse wurden ausgetauscht zwischen der Tochter und einem Madrilenen, eine Hochzeit schien in Aussicht. Die Beziehung der Tochter war ganz ernsthafter Natur; sie ging über jugendlichen Enthusiasmus weit hinaus. Während sie sich ein Jahr in Alicante, Barcelona und Madrid aufhielt, um sich auf die Abiturprüfung im Fach Spanisch vorzubereiten, lernte sie im Jahr 2007 jenen Mann kennen.

Ich hatte mich gerade dazu entschlossen, die italienische Sprache zu erlernen. Dann eben Spanisch. Auch nicht schlecht. Zwar hätte ich mich gern von italienischen Cantilenen umschmeicheln lassen, aber das spanische Idiom – nur vermeintlich hart – gefiel mir ebenso gut in seiner Prononciertheit. Besonders das rollende R.

Aus der Hochzeit wurde nichts. Aber es hatte sich in der Zwischenzeit ein Berg aus spanischen Schätzen angehäuft, an Sprachwissen und Kenntnissen der spanischen Literatur, der Geschichte und der Gesellschaft, die nicht anderweitig verwendbar waren. Außerdem hatten mich die Lehrerinnen nach Salamanca geschickt, in die Hochburg spanischer Sprachkultur („Oxford-Spanisch") und Wissenschaft. Weil ich nicht wusste, wohin mit dem ganzen spanischen Zeug, habe ich über meine Erfahrungen ein Buch geschrieben. Ich erwähne das jetzt nicht aus Angeberei; man sieht aber, dass einen die Vorliebe für einen bestimmten Raum ganz schön weit treiben kann.

Auf der Plaza Mayor von Salamanca habe ich den Idealort meiner emotionalen Bedürfnisse gefunden. In diesem „Wohnzimmer aus Stein" (die Formulierung stammt von dem holländischen Schriftsteller Cees Nooteboom) gewann ich – ansonsten als Opa an der Sprachschule sozial ziemlich isoliert – Einblick in das Leben und Treiben der Einheimischen. Das war unglaublich spannend und interessant. (Es sei daran erinnert, dass „interessant" wörtlich meint „dazwischen-sein".)

Vor Salamanca kamen Reisen nach Granada, Madrid, Ibiza und Barcelona. Nicht dass ich nun behaupten wollte, ich kennte Spanien wie meine Westentasche. Weit davon entfernt! Ich erkühne mich aber schon, zu behaupten, dass ich über Spanien sehr gut Bescheid weiß; besser jedenfalls als viele Spanier. Eigentlich wäre ein Studium der Hispanistik angezeigt gewesen. Aber so ist das halt bei der konsequenten kognitiven und emotionalen Erfassung seines örtlichen Favoriten. Zu einer vertieften Erschließung „meiner" Region konnte ich mich nicht entscheiden. Die Liebe aber bleibt. Die spanische Sprache habe ich sozusagen „adoptiert", „mächtig" bin ich ihr mangels Gelegenheit nicht. Aber mit der spanischen Literatur bin ich gut vertraut. So sehr, dass die von mir eigentlich präferierte angelsächsische schon ein bisschen eifersüchtig wird. Die ebenso schlichte wie raffinierte Küche Spaniens versuche ich nachzuahmen. (Das gefällt meiner Frau nur teilweise: die *Olla podrida* schmeckt ihr sehr wohl: der Eintopf, in den man alles hineinschmeißt, was man gerade zur Hand hat an Gemüse und Fleisch; selbst Fisch und Krustentiere passen da überraschenderweise dazu. Aber *callos* mag sie gar nicht. Das sind Kutteln.)

Erinnern Sie sich an den armen Mann aus der Steiermark, der sich von Amerika aus Wasser, Rosen und Erde aus der Heimat erbat. Er litt an einer schweren Krankheit aus dem psychiatrischen Formenkreis. Bei einer Differential-Diagnose könnte man vielleicht eine Fixierung auf Fetische auf der Grundlage einer analen Charakterstruktur feststellen. Hier will einer Psychiater spielen. (Aber man kann gern ein Nachschlagwerk zu Rate ziehen. So falsch werden wir nicht liegen.) Vielleicht hatte der „arme Mann" ja nur Heimweh. Wissen wir deshalb besser, was ihn quälte, wenn wir dieses urdeutsche Wort verwenden, das sich in kein vergleichbares Wort in einer anderen Sprache übersetzen lässt?

Die deutsche Sprache hält ja eine ganze Reihe von Begriffen bereit, die sich ebenso wenig transferieren lassen – jedenfalls nicht umstandslos –, wie etwa die ähnlich gelagerte „Sehnsucht" oder der „Weltschmerz". Die in den Wörterbüchern vorgeschlagenen *homesickness, mal du pays* oder *nostalgia* treffen den Kern des Heimwehs nur partiell. Am ehesten kommt das portugiesische *saudade de casa* ihm nahe. Wobei die Saudade allgemein (ohne die Einschränkung „*de casa*") vielleicht noch höher besetzt ist als das deutsche Heimweh. Aber auch dies lässt sich kaum übertragen. Abgeleitet vom lateinischen *solitudo* (Einsamkeit), bezeichnet die Saudade keineswegs eine negative Stimmungslage. Sie wird ganz im Gegenteil im Fado, dem portugiesischen Chanson, geradezu herbeigesehnt, wenn auch, wie mir scheint, auf eine ziemlich masochistische Weise. Man ist stolz darauf. Oder, um es mit dem portugiesischen Nationaldichter Fernando Pessoa auszudrücken:

> Saudades – nur Portugiesen
> können dieses Gefühl kennen.
> Weil nur sie das Wort besitzen,
> um es wirklich beim Namen zu nennen.

Heißt das nun im Umkehrschluss, dass nur die Deutschen Heimweh kennen können, weil nur sie das deutsche Wort „Heimweh" haben? Davon ist nicht auszugehen. Beziehen wir das Heimweh auf die in dieser Arbeit verwendete Diktion der emotionalen Ortsbezogenheit, so wird eine Situation beschrieben, die nicht mehr herstellbar ist, aber auch noch nie herstellbar war, oder generell einen unerfüllbaren utopischen Wunsch bezeichnet.

Auch für das Heimweh sind natürlich die Dichter zuständig. Wer kommt einem da in den Sinn? Hervorragende Dichtkünstler deutscher Zunge, Heinrich Heine beispielshalber oder Gottfried Keller; wir könnten auch Conrad Ferdinand Meyer, Joseph von Eichendorff, Hermann Hesse oder Schiller heranziehen. Da funkt uns ein gewisser Friedrich Stoltze in die Parade. Er meldet sich mit dem Mundartgedicht „Mei Frankfort" ins Heimatgeschäft. Wir haben es dem „Hausbuch deutscher Dichtung" *Der ewige Brunnen* (welch herrlich altmodischer Titel!) von 1955 entnommen. Der Lokalpatriot legt sich richtig ins Zeug.

> Es is kää Stadt uff der weite Welt,
> die so mer wie mei Frankfort gefällt,
> un es will mer net in mei Kopp enei:
> Wie kann nor e Mensch net von Frankfort sei!
>
> Un wärsch's e Engel un Sonnekalb,
> e Fremder is immer von außerhalb!
> Der beste Mensch is e Ärgernis,
> wann er net ääch von Frankfort is.

Das glauben wir gerne: dass in den Kopf dieses Hurrapatrioten nichts hineinwill, ist er doch angefüllt mit schmetterndem Heimatstolz. Und Intoleranz und Fremdenfeindlichkeit. Typen aus diesem Holz könnten die Mia-san-mia aus München auch ganz gut brauchen. Das können die Münchner Boulevardzeitungen mindestens genauso gut; und die Redakteure von Bayern 1. Und der Ober-Guru in Sachen Lokalpatriotismus, Uli Hoeneß, sowieso.

Man muss indes festhalten, dass sich auch bei Alltagsmenschen mit gemäßigt emotionaler Ortsbezogenheit oft genug Spuren solch dümmlicher Selbstbeweihräucherung finden. Was sich meist paart mit manchmal harmlosen, manchmal aggressiven „Witzen" gegen die „Preißn" oder die Türken (das sind dann meist die weniger harmlosen). Es ist schon bemerkenswert, dass sich ein so sanftes Gefühl wie die Liebe zum eigenen Ort derart mischen kann mit rabiater Ellbogenmentalität! Eigentlich eine Angelegenheit für die Psychoanalytiker. Sie werden schon noch zum Zuge kommen.

Doch nun zu den Dichtern mit der feineren Zunge!

Bei Heinrich Heine vernimmt man einen milden, hoffnungsvollen, aber doch auch klagenden Ton:

> Ich hatte einst ein schönes Vaterland.
> Der Eichenbaum
> wuchs dort so hoch, die Veilchen nickten sanft –
> es war ein Traum.
>
> Das küßte mich auf deutsch und sprach auf deutsch
> (man glaubt es kaum,
> wie gut es klang) das Wort: „Ich liebe dich" –
> es war ein Traum.

Man weiß es ja: Harry Heine war im Grunde seines Herzens ein sehr versöhnlicher, zu Romantik und Idealisierung neigender Mensch. Allüberall hat er seine Heimat, sein ihm wohlgesonnenes Areal gesucht: in Düsseldorf, in Hamburg, in Berlin, (auch in München – wie wir gehört haben), bei Juden, Christen, Freidenkern und Sozialisten, in Deutschland und in Frankreich. Dass seine Sehnsucht nicht erfüllt wurde, auch dies mag zu seinem Sarkasmus beigetragen haben. Dass seine Sehnsucht in der Pariser „Matratzengruft" jämmerlich verpuffte und er mit ihr, kann man nicht anders als tragisch nennen.

Bei August Wilhelm Schlegel hört sich die Heimat-Melodie wesentlich schriller an. In „In der Fremde" geht sie so:

> Oft hab' ich dich rauh gescholten,
> Muttersprache, so vertraut!
> Höher hätte mir gegolten
> südlicher Sirenenlaut.
>
> Und nun irr' ich in der Ferne
> freudenlos von Ort zu Ort
> und vernähm', ach, wie so gerne
> nur ein einzig deutsches Wort.
>
> Einsam schweif' ich in die Felder,
> such' ein Echo der Natur;
> aber Bäche, Winde, Wälder
> rauschen fremd auf dieser Flur.
>
> Unverstanden, unbeachtet,
> wie mein deutsches Lied verhallt,
> bleibt es, wann mein Busen schmachtet
> und in bangem Sehnen wallt.

Schlegel war nun nicht wie Heinrich Heine ins Exil getrieben worden. Freiwillig hat er sich von den Schalmeien-Klängen aus Welsch-Land anlocken lassen („südlicher Sirenenlaut"). Und nun vermisst er die deutsche Sprache und mit ihr die deutsche Landschaft, und überhaupt das Deutsche schlechthin. Das ist nun freilich Jammern auf höchstem Niveau. Haben doch er und seinesgleichen im frühen 19. Jahrhundert – Goethe blindlings folgend und ihn offensichtlich nicht richtig verstehend – ihr Heil bei den Welschen gesucht und am Mythos des so freien Südens emsig mitgestrickt. Und jetzt passt es ihnen auch wieder nicht. Und fühlen sich missverstanden und missvergnügt. Das Muster des sich ausgeschlossen fühlenden Jägers nach dem Traum-Ziel, auch dieses haben wir in diesem Buch behandelt. Es sollen hier keine flachen und kurzatmigen Vergleiche angestellt werden. Aber vielleicht überdenken die Deutschland-Flüchtlinge, die in der Provence oder auf Teneriffa

ihre *altera patria* suchen (früher gab es mal die „Toskana-Fraktion"),
ob sich der ganze Aufwand lohnt – der finanzielle und der emotionale.
95 Prozent von ihnen werden garantiert nicht zur Hochzeitsfeier der
Kinder der Nachbarn dort eingeladen, obwohl man die doch schon seit
15 Jahren kennt. Auf diese Weise sind schon viele Blütenträume zer-
stoben. Mit ihnen der Traum, nun endlich den alternativen Ort für die
Erfüllung der Bedürfnisse gefunden zu haben.

Zum Abschluss der Dichterlesung noch Gottfried Keller. In d i e s e r
Auswahl stellt er den Zusammenhang zwischen Anspruch und Wirklichkeit am komplexesten dar.

AN DAS VATERLAND

O mein Heimatland! O mein Vaterland!
Wie so innig, feurig lieb' ich dich!
Schönste Ros', ob jede mir verblich,
duftest noch an meinem öden Strand!

Als ich arm, doch froh, fremdes Land durchstrich,
Königsglanz mit deinen Bergen maß,
Thronenflitter bald ob dir vergaß:
Wie war da der Bettler stolz auf dich!

(...)

Werf' ich von mir einst dies mein Staubgewand,
Beten will ich dann zu Gott dem Herrn:
„Lasse strahlen deinen schönsten Stern
nieder auf mein irdisch Vaterland."

Persönliche Notiz: Dieses Gedicht hat mich völlig in Beschlag genommen. „Betroffen" gemacht hat es mich nicht, auch nicht „ergriffen".
Solche Metaphern wären natürlich auch Gottfried Keller niemals aus
der Feder gelaufen. Schwülstig war er nie. Natürlich ist heutzutage
manches kaum mehr möglich, „Staubgewand" etwa. Aber so schlimm
ist das auch wieder nicht. Wir kapieren das ohne Schwierigkeiten und
akzeptieren es ohne weiteres. Auch er verfügte über das feine Instru-
mentarium der Ironie. Natürlich auf sehr andere Weise als Heinrich
Heine. Ein Schwärmer oder Eiferer war er nie, ein nationalistischer
schon gleich gar nicht. Er war einfach ein schlichter Bub aus Zürich.

Nüchtern und kalkulierend hat er sein Heil in der Fremde gesucht – und seine beruflichen Chancen. Unter anderem auch in München. Vergeblich, wie Heinrich Heine.

Mit Verlaub: vielleicht könnten die mitunter tatsächlich etwas ignoranten und bornierten Münchner mal stolz sein auf einen solchen Gast!

Und doch, wie stolz ist er selbst in bedrückender Lage. Stolz auf seine Schweizer Berge! Und wie muss er sie lieben! „Thronenflitter" – darauf muss man erst mal kommen! Hinter dieser phantastischen und phantastisch ausgedachten Formulierung müssen ganz tiefe Gefühle lagern. Tiefere jedenfalls als solche, die sich allein auf Orte beziehen. (Vermutlich, wahrscheinlich gilt das für alle Menschen. Auch für diejenigen, die nicht über die Wortgewalt eines Gottfried Keller verfügen.)

Im Übrigen sind ja Dichter auch nur Menschen. Wenn sie tief im Metaphern-Dschungel herumwühlen, um den rechten Ausdruck für die tiefsten Regungen der Seele zu finden, so suchen sie zuerst einmal bei sich selbst. Man muss von der Lebensgeschichte von Heinrich Heine, Gottfried Keller und von Schlegel nicht viel wissen – eigentlich gar nichts –, um zu erkennen dass sie in ihren Gedichten über Heimat und Heimweh (auch) ein Stück Autobiographie schreiben. Sie haben die Erfahrungen selbst gemacht.

Odysseus war keine konkrete Menschengestalt. Trotzdem kann man in ihm, wahrlich verdichtet, die ganze Komplexität der Seelenlage eines Heimweh-Kranken erfassen. Homer formt aus dieser mythologischen Figur den Prototypen des Ortssüchtigen. Bereits in den allerersten Zeilen der Odyssee kann man das lesen:

> Sage mir, Muse, die Taten des vielgewanderten Mannes,
> Welcher so weit geirrt, nach der heiligen Troja Zerstörung,
> Vieler Menschen Städte gesehn und Sitte gelernt hat
> Und auf dem Meere so viel unnennbare Leiden erduldet,
> Seine Seele zu retten und seiner Freunde Zurückkunft.

10 Jahre dauern seine und seiner Gefährten Irrfahrten. 10 Jahre strebt er sehnsuchtsvoll zurück, in sein Insel-Königreich Ithaka. Und leidet unsägliche körperliche und seelische Qualen. Verzehrt sich regelrecht. Ganz so einfach ist es nicht. Man spürt hinter all der Pein und Ver-

zweiflung noch etwas ganz anderes heraus. Der Held fühlt sich durchaus wohl beim Bestehen der Abenteuer. Er genießt es regelrecht; all seine Erfahrungen, seinen Wagemut im Kampf mit den Elementen, seine Schläue und Listen im täglichen Ringen ums Überleben auf dem Meere und gegen die unzähligen Ungeheuer. Er entwickelt ein überdimensioniertes Selbstbewusstsein, das ihn auch die Gesetze der Natur überwinden lässt. Er strotzt nur so vor selbst zugewiesener Kraft. Er verzehrt sich ob der unerreichbar scheinenden Rückkehr in seine Heimat. Auch im Erdulden ist er ein Prototyp.

Wie ist dieser Widerspruch zu erklären? Ist es überhaupt ein Widerspruch? Der Philosoph Theodor W. Adorno sieht in Odysseus den ersten modernen Menschen, der es mit den Göttern aufnimmt, sich wehrt gegen das Schicksal, das diese ihm aufoktroyieren wollen – wozu auch das Aushalten des angesprochenen Widerspruchs gehört. Nur so könne der Mensch unabhängig von höheren Mächten seine Geschicke selbst bestimmen, laut Adorno zu seiner Identität finden.

Das sind sehr feinziselierte Worte. Sie lassen sich nicht so einfach (oder überhaupt nicht) herabbrechen auf die Ebene von uns Alltagsmenschen, die wir uns meist aus ganz trivialen Gründen entscheiden müssen – auch hinsichtlich des Ortes, an dem wir leben, ob wir wollen oder nicht. Aber Mythos ist niemals eine Handlungsanleitung. Er veranschaulicht lediglich die Kernfragen und Kernkonflikte der Menschen.

Warum lässt Homer den Odysseus so exorbitant leiden? Wonach verzehrt er sich so vor Sehnsucht?

Wir haben eben gehört, völlig negativ sind Erfahrungen und Empfindungen des Helden auf seinen Irrfahrten nicht. Er konnte sein aufgeblähtes Ego noch ausdehnen. Darüber hinaus gab es reichlich Süßigkeiten. Nicht nur die Sirenen verwöhnten ihn mit ihrem Gesang. Die Weiblichkeit umgarnte ihn nicht nur einmal. Und Odysseus ließ sich das phasenweise sehr gern gefallen. Von Kalypso, Kirke, Nausikaa und anderen Weibern musste er sich regelrecht losreißen. Sich selbst immer wieder daran erinnern, sich von den Gefährten immer wieder daran erinnern lassen, was denn das Ziel der gefährlichen Seefahrten und Landgänge sei. In der Schule haben wir gelernt, er hätte Sehnsucht nach seiner treuen Penelope gehabt, die sich tapfer und raffiniert (die List hat sie von ihrem Odysseus abgeschaut) gegen den Ansturm der Freier wehrte. An diesen Bagagen, die ihr nicht nur unter den Rock wollten, sondern mit der braven Hausfrau gleich das ganze Besitztum des Odysseus, war Odysseus kaum gelegen. Auch ihm ging es in erster Linie um materielle Interessen, seine materiellen Interessen. An seine Rinderherden wollte er wieder heran, die in der Odyssee oft und oft besungen werden. Das war ihm, dem Herrn der Insel, dem „König" seiner Insel wichtiger als alles andere. Dies war die Quelle seiner Macht und seines Reichtums. Wichtiger jedenfalls als dass er endlich nach 10 Jahren bei seiner biederen Penelope unter die Bettdecke schlüpfen konnte.

Es ist schon grandios, wie Homer die Passagen des Wiederzusammenfindens beschreibt. Das ist auch im psychologischen Sinne wunderbar aufbereitet. Odysseus war ja – wir haben es erwähnt – auch während seiner Irrfahrten von den Frauen durchaus erotisch und sexuell verwöhnt worden. Dermaßen, dass selbst ihm, dem Kämpfer an vielen Fronten, es schlussendlich zu viel wurde. Hatte nicht die Zauberin Kirke die Gefährten in „Schweine" verwandelt? In triebgesteuerte, geile Wesen? (Das hätte Homer glatt aus der feministischen Literatur der 70er Jahre abschreiben können.) Kann schon sein, dass unserem Odysseus das Getändel der exotischen Frauen irgendwann zu viel wurde und er wirklich mal wieder Lust hatte auf das trocken Brot bei seiner braven Ehehälfte statt immer nur Zuckerwerk zu naschen. Wie dem auch sei. Es dauert ziemlich lange, bis sich die beiden Eheleute wieder erkennen, viele Zeilen lang. (Es sei daran erinnert, dass bereits in der Bibel, einem Buch, das 1000 Jahre älter ist als die Odyssee, Adam und Eva sich „erkannten". Was nichts anderes als ein Synonym dafür ist, dass sie Geschlechtsverkehr miteinander hatten.)

Thema verfehlt! Bernhard Winterer, wir, die Leser, haben dir ja die dichterische Freiheit gelassen, die du für dich in Anspruch genommen hast; Narrenfreiheit haben wir dir gewährt. Jetzt hast du den Bogen überspannt! Was haben deine Ausflüge in längst verblichene Dichtwerke mit Ortsbezogenheit zu tun?

Sehr, sehr viel. Wie sich ohne großen sozialforscherischen Aufwand ganz leicht feststellen lässt, ist für Beziehung zu einem Ort fast immer auch die Beziehung zum Partner ausschlaggebend. Zumindest bei den meisten. Man schaue sich nur mal um – oder in sich selbst hinein ... Mehr dazu nicht!

Doch wie gesagt: um Sex – der ja auch irgendwie ein hochbesetzter Ort ist, eine Lokalität hochbesetzt – ging es dem Odysseus eigentlich nicht, auch nicht um die gefühlsselige Idylle am heimischen Herd. Er wollte die Freier loswerden, diese lästigen Konkurrenten um die Oberherrschaft über seine Besitztümer. Das hat er gründlich erledigt. Zusammen mit seinem Sohn Telemach legte er mittels Pfeil und Bogen alle 23 Widersacher um. Jagte sie zum Teufel, schickte sie in den Hades. Nachdem dieses Geschäft erledigt war, konnte er wieder ungestört seine Besitztümer genießen.

Aber was passiert im Anschluss? Wir wissen es nicht. An dieser Stelle bricht die Odyssee ab. – Es gibt aber Schriften, die das Epos weiterspinnen. Sehr glücklich scheint demnach Odysseus nicht gewesen zu sein, zufrieden auf seiner Scholle. Es treibt ihn wieder hinaus auf die hohe See, weg von seiner Penelope mit ihrem Webstuhl. (Es ist evident, dass jene Schriften die Konflikte zwischen Ackerbau und seetreibendem Handel thematisieren.) – Diese Analyse hier weiter zu betreiben, wäre in der Tat zu viel. Und damit nun wirklich am Thema vorbei.

Nicht aber zu viel ist es, sich darüber Gedanken zu machen, was denn nun los war mit dem Helden. Die nachgeborenen Schriftsteller schicken ihn und seine Crew über die Hesperiden hinaus, das heißt über Gibraltar in den Atlantik hinein. An dieses gewaltige Meer hatte sich zu Zeiten der Abfassung dieser phantastischen Geschichten noch kein Grieche gewagt (phantastisch sollten diese Erzählungen schon sein, diese archaischen Formen der Unterhaltung). Sie waren immer entlang der Küsten des Mittelmeers herumgegondelt. War gefährlich genug. Allenfalls die Phönizier und später die Karthager hatten sich den gewaltigen Ozean halbwegs erschlossen. Und nun verliert sich jegliche Spur unseres tüchtigen Seefahrers. Auch die apokryphen Schriften wissen nichts darüber zu berichten. Odysseus findet ein würdiges Ende.

Die Dichter mögen sich nun in ihre irdischen, ihre heiligen Hallen zurückziehen, dort, wo sie ihre Fata Morgana, ihr Nirwana immer gesucht und niemals gefunden haben. Einer von ihnen wird das letzte Wort haben. Novalis wird es nicht sein. Und auch „Du bist Orplid, mein Land" wird nicht erklingen.

So, nun hat es mehrere Wochen gedauert, bis ich genau wieder an diesem Punkt gelandet bin. Ein abschließendes Dichterwort hatte ich angekündigt, das alles allumfassend erklärt. Es will sich nicht einstellen. – Aber ja doch!

> Ein neues Lied, ein besseres Lied,
> O Freunde, will ich Euch dichten!
> Wir wollen hier auf Erden schon
> Das Himmelreich errichten.
>
> Wir wollen auf Erden glücklich sein
> Und wollen nicht mehr darben;
> Verschlemmen soll nicht der faule Bauch,
> Was fleißige Hände erwarben.
>
> Es wächst hienieden Brot genug
> Für alle Menschenkinder,
> Auch Rosen und Myrten, Schönheit und Lust
> Und Zuckererbsen nicht minder.
>
> Ja, Zuckererbsen für jedermann
> Sobald die Schoten platzen!
> Den Himmel überlassen wir
> Den Engeln und den Spatzen.
>
> Und wachsen uns Flügel nach dem Tod
> So wollen wir Euch besuchen
> Dort oben, und wir, wir essen mit Euch
> Die seligsten Torten und Kuchen.
>
> Ein neues Lied, ein besseres Lied,
> Es klingt wie Flöten und Geigen!
> Das Miserere ist vorbei,
> Die Sterbeglocken schweigen.

So wollte ich sprechen können über den Ort, an dem es mir gut geht.